조선족 사회와의 만남

모들교양신서 303

조선족 사회와의 만남

이 재 달 지음

돌어 모시는사람들

책을 내면서

연변으로 향한 발걸음

2002년 10월 말쯤 필자는 한국기자협회로부터 중국 연변과학기술대학에서 실시하는 기자 전문화 과정 해외 연수자로 선발되었다는 통지를 받았다. 그래서 '일상으로부터의 탈출'로 한 번쯤 고려했던 외국행을 실행에 옮길 수 있었다. 그동안 현업을 하면서 지식에 대한 갈증에 얼마나 목말라 했던가? 공부할 수 있는 기회가 주어진 사실이 더없이 기뻤다.

처음에는 나 혼자만의 중국행을 염두에 두었다. 그러나 지인들과 방담을 나누는 과정에서 그들 대부분은 가족과의 동행을 권했다. 요즘 아이들을 혼자서도 조기 유학 보내는 세상에 왜 혼자 가려고 하느냐는 면박을 수없이 받았다. 곰곰이 생각해 보니 일면 일리 있는 이야기였다. 그래서 아내는 다니던 직장에 급히 휴직계를 제출하였다. 이리하여 중국을 향한 1인용 짐은 4인용으로 갑자기 늘어났고 우리 가족사의 1년이 중국으로 '편입'되었다.

2003년 2월 27일 오후. 별로 늦은 시간은 아니라고 기억되는데 하늘은 잔뜩 찌푸렸고 날씨는 왜 그렇게 춥던지…. 회색 빛 연길공

항 청사를 빠져 나오면서 이곳에서 지낼 1년이 적지 않게 걱정되었다. 미리 잡아 둔 아파트에 들어서서도 이런 인상은 변하지 않았다. 유연탄으로 난방을 하는 관계로 숨조차 가누기 힘든 매연이 가장 힘들었다.

그러면서도 우리는 연변 사람이 되려고 노력하였다. 경제 수준은 우리보다 뒤쳐져 있으나 그곳에도 삶의 의미를 느낄 만한 일들이 많았다. 특히 따뜻한 정을 가진 동포들을 만나면 그렇게 좋을 수가 없었다. 아! 우리가 이미 잃어버린 인간미를 이 땅은 아직도 간직하고 있구나 하며 감동하곤 했다. 이곳 사람들이 한국에 대해 적대적 감정을 가지고 있으리라는 걱정은 기우에 불과했다. 혈연의 관계이기 때문에 한국에 대해 서운함을 느끼는 것이지, 한국을 단순하게 미워하는 것이 아님을 알았다. 우리는 이들의 심정을 헤아리지 않으면 안 된다. 나는 한국과 조선족 동포 간의 희망을 보았다. 친절하게 대해 주던 그 동포들의 모습이 아직도 기억에 선하다.

일 년간 공부하던 연변과학기술대학! 아담하면서도 역동적인 그 학교 분위기를 잊지 못한다. 중국 조선족 동포 학생들을 위하여 자신을 희생하며 봉사하는 석학들과 젊은 교직원들…. 그들의 사랑은 끝이 없는 듯했다. 그들을 보며 성악설을 주장할 사람은 아마 없으리라. 학생들은 미래에 대해 원대한 꿈을 갖고 있었다. 그리고 매우 열심히 공부하였다. 그들은 중국의 희망찬 미래를 만들고 한·중 두 나라가 우호적 관계를 형성하는 데 훌륭한 매개자가 될 것이다. 그런 학생들 틈에 앉아 공부하던 순간은 정말 행복했다. 그들과의 교유는 항상 즐겁기 그지없었다. 이제는 추억으로만 남는 일이지만, 그런 추억이 내 인생의 한 페이지에 남아 있다는 사실이 무척 아름답게 느껴진다.

연변은 우리 가족에게 아름다운 기억을 남겨 주었다.

백두산 정상에 올라 가까스로 천지를 보던 순간 우리는 그 황홀함에 넋을 잃었다.

용정은 언제 가더라도 자꾸 가고 싶은 곳이다. 도시 곳곳에 우리 민족의 자취가 남아 있고 민족혼이 스며 있다. 윤동주 시인이 잠들어 계시는 동산 공동묘지, 그의 생가, 그의 모교…. 우리 민족이 힘들 때나 결의를 다질 때면 항상 함께 있던 일송정과 용두레. 그리고 연길에서 용정으로 가는 야산에 끝없이 펼쳐진 사과배 과수 단지. 봄이면 향기로운 그 꽃 향기, 가을이면 시원한 그 맛을 영원히 잊지 못할 것이다.

그런가 하면 도문에 가면 언제나 마음이 아팠다. 두만강 하나를 사이에 두고 있는 북녘 땅 '조선'. 빛바랜 남양시의 전경이 한 눈에 들어오고 보초병들, 농부들의 모습도 시야를 사로잡는다. 간혹 다리 위로 트럭이 오가지만 예전에 비하면 뜸하다고 한다. 한 번은 두만강의 나룻배를 타다가 강안 저쪽에서 담배를 달라며 두 손을 내미는 군인을 본 적이 있다. 나는 속으로 많이 울었다. 무엇이 자존심 강할 그 나이의 청년으로 하여금 저렇게 굽실거리게 만들었는지 정말 분노를 느꼈다. 한편 이 상처투성이의 북쪽 동포를 감싸 안는 조선족 동포들을 가까이서 지켜보며 그 따스한 마음에 절로 고개가 숙여졌다. 반면에 그런 조선족 동포들에게 매몰차게 대하는 우리 모습이 떠올랐다. 정말 부끄러웠다. 그들 앞에서 스스로 죄인이 된 듯한 기분이었다.

나는 이 중국 조선족 동포들에게 감사를 전하고 싶었다. 언젠가 한반도가 통일이 되는 날, 당연히 그 공의 일부분을 이 동포들에게 돌려야 하지만, 그 이전에 내가 개인적으로 그들에게 전하고 싶은 마음이 있었다. 그런 마음을 담아 조선족 동포들과의 만남을 책으로 남기고자 한다. 단순한 신변잡기가 아니라 연변 현지 학자들의 성과물과 개인적 체험을 바탕으로 생각을 정리하여 보았다. 내 딴에는 새로운 장르를 시도해 본 셈이다.

나의 본심은 이렇지만, 막상 조선족 동포들은 이 책을 보고 화를 낼지도 모르겠다. 한국적인 편협된 시각에서 벗어나지 못했다며 질타를 할 수도 있다. 그것은 어디까지나 무지하고 불민한 나의 책임일 수밖에 없다.

그런 졸저일지언정 여러 사람들의 도움이 있었기에 비로소 세상에 내놓을 수 있었다. 먼저 1년간의 연수 기회를 준 한국기자협회와 연변과학기술대학, 연수를 허락해 준 나의 직장 마산문화방송에 가장 먼저 고마움을 전해야 할 것이다. 그리고 값진 조언을 해준 류연

산 선생 등 연변 현지의 여러 분들에게 감사드린다. 또 아들을 지켜
보며 항상 노심초사하시는 노모를 비롯하여 형제, 누이들에게 전하
는 고마움도 기록하고 싶다. 아내와 한얼, 한길 두 아들에게 평소 좋
은 남편, 좋은 아버지가 되어 주지 못한 미안함을 이 책으로 조금이
나마 대신할 수 있었으면 좋겠다.

2004년 11월
마산 문화방송 보도국에서
이 재 달

추 천 사

김상균 | 마산 MBC 사장

소련이 무너지고 미국이 팍스 아메리카나(Pax Americana)를 세우자 세계는 다시 중국을 주목하고 있다. 세계 최강의 미국이 다음 상대로 중국을 꼽고 있다는 소리는 이미 뉴스도 아니다.

인구 13억의 세계 최대 사회주의 국가이면서도 중국은 지금 모택동보다 등소평을 추앙하는 개혁, 개방의 상승세를 타고 있다. 북한 김정일이 중국을 보고 나서 천지 개벽을 고백할 정도다.

이런 중국에 우리 민족의 자치주가 있다. 중국 내 소수 민족 가운데 열세 번째 규모의 소수 민족인 조선족들의 특별한 지역이다. 일제가 우리나라를 침략했을 때 중국은 당시 우리 민족에게는 무한한 가능성과 미래에의 희망을 느끼게 해 주는 대륙이었다. 그때 조국 광복의 꿈을 안고 국경을 넘었던 우리 민족이 그야말로 피와 땀으로 이루어 낸 것이 바로 지금의 연변 자치주이다.

마산 엠비씨 이재달 기자가 연변과학기술대학에 일 년 연수를 마치고 우리 민족인 조선족에 대한 책을 펴냈다. 어려운 여건 속에서 일 년이라는 짧은 기간의 연수였는데도 그는 책을 썼다. 치열한 기자정신과 동족에 대한 열정이 남달랐기 때문일 것이다. 이 기자는 이미 조선족에 대한 또다른 다큐멘터리도 준비 중에 있다.

　요즈음 중국의 고구려사 왜곡과 탈북자 문제 때문에 새삼 이 지역에 사는 우리 민족에 대한 관심이 커지고 있다. 이미 세계가 주목하고 있는 중국에 우리는 남다른 이유로 관심을 가질 수밖에 없는 상황이다.

　이번 이 기자의 체험적 저술은 참으로 시의적절한 때 나온 소중한 자료가 아닐 수 없다. 중국과의 관계라는 국제 정치적 측면에서, 민족 통일을 위한 국내 정치적 측면에서도, 이제 남도 북도 아닌, 제3의 우리 민족에 대한 기록은 이 시대를 사는 우리 모두가 반드시 한번은 읽어야 할 역사적 자료이다. 뿌듯한 마음으로 감히 일독을 권한다.

추천사

김진경 | 중국 연변과학기술대학 총장

　우리 대학은 한국기자협회와 해외 연수 위탁 협약을 맺어 시행하고 있다. 이에 따라 한국 기자들이 매년 몇 명씩 우리 대학에 와서 일 년간 연구를 하고 돌아간다. 어느 직종보다 개성이 강한 기자들인 만큼 이곳에서 생활하는 방식도 적지 않은 차이가 있는 것 같다. 우리 조상의 숨결이 담긴 역사적인 땅에서 열심히 연구하고 치열하게 고민한 기자들에게는 이 기간이 소중한 기회가 되었을 것이다. 특히 가슴마저 뜨거워진 기자들을 보면 참으로 귀한 것을 얻고 가는구나 하는 생각이 든다. 왜냐하면 그들은 새로운 인생을 열어갈 지표를 하나 만들었기 때문이다.

　이 책을 쓴 마산문화방송 이재달 기자도 지난해 3월부터 올 초까지 일 년간 우리 대학에 머물며 연변을 경험하였다. 이 기자는 중국어만 배운 게 아니라 연변과 우리 조선족 동포를 이해하고 돌아갔다. 그 결과물을 보니 마음이 흐뭇하다. 그 속에는 연변과 우리 민족을 사랑하는 마음을 느낄 수 있어 더욱 기쁘다. 많은 독자들이 저자와 함께 연변의 혼에 귀를 기울여 보시기를 당부 드리며 감히 이 책을 추천한다.

조선족 사회와의 만남

차 례

서 언 : 조선족 사회에 대한 탐색

지금 당신이 있는 그 자리를 한번 뒤돌아보라. 그곳은 당신들이 태어나 줄곧 생활해 왔던 곳인가? 지금 당신들 주위에 있는 사람들은 계속 그곳에서만 살던 이웃들인가? 아마 그렇지 않을 것이다. 사람들은 일생 동안 자신이 태어난 지역에서만 살지 않는다. 같은 나라의 다른 지역으로 옮겨가 살기도 하고 심지어는 외국으로 이주해 생활하기도 한다. 외국을 포함한 다른 지역으로의 이주와 정착은 인류 역사에서 끊임없이 되풀이되고 있는 삶의 행위이다.

세계 여러 민족과 마찬가지로 오랫동안 한반도에 거주하던 사람들 가운데 일부도 여러 시대에 걸쳐 각각의 사정에 따라 생활 근거지를 세계 각지로 옮겼다. 지금의 해외 동포들은 바로 그 당사자이거나 그들의 후손들이다. 그리고 해외로의 이주 행위는 지금도 계속되고 있다. 그들은 이주 국가에서 집단 거주지를 형성해 살기도 하고 현지인들 속에 뒤섞여 생활하기도 한다. 동포들 가운데는 장기간 해외 이주 생활에도 불구하고 민족 정체성을 유지하고 있는 사람들이 있는가 하면, 이주 국가의 사람들 속에 동화된 이들도 많다. 모국 국적을 여전히 보유한 이가 있는 반면에 거주 국가의 국적을 새로 취득한 동포들도 숱하다. 이렇듯 세계 각지에 흩어져 생활하는 이주 동포들은 저마다 사정이 다르다.

더욱이 다 같은 한민족이라 하더라도 모국인 한반도의 분단 상황이나 모국과 거주 국가와의 관계, 그리고 이주 시기에 따라 지칭하는 호칭도 여러 가지이다. 중국에서는 조선족, 미국에서는 한국인, 구 소련 지역에서는 고려인, 일본에서는 한국인과 조선인으로 따로 불린다. 일본에서의 경우 모국의 분단 상황을 그대로 옮겨 놓은 것처럼 동포들끼리도 극단적으로 대치하고 있다.

해외 한족漢族의 경우 여전히 본국에 호적을 두고 있느냐, 아니면 거주 국가의 국적을 취득했느냐에 따라 화교華僑와 화인華人으로 단순히 구분하는 것과 비교해 보더라도, 갖은 풍랑을 겪은 우리 민족의 처지가 다양한 해외 이주 민족의 이름에서도 배어 나오는 듯하여 측은하기 그지없다.

우리가 여기에서 탐색 대상으로 삼을 조선족은 해외에 정착해 있는 우리 민족 가운데 오늘날 중화인민공화국의 국적을 지닌 이들을 말한다. 다시 말해 '조선족'이라는 용어는 중국 국적을 가진 우리 민족에 대한 전문 호칭으로, 국적과 출신 민족을 동시에 나타내고 있다.

조선족은 우리와 같은 민족이기 때문에 생김새를 비롯한 인종적 특징은 모국인 한반도 사람과 근본적으로 다를 바가 없다. 그러나 오랜 이주 역사로 인한 문화적 차이는 우리가 인정하지 않으면 안 된다. 또한 우리가 쉽게 간과하는 것은 이들이 이제는 엄연히 중국이라는 외국 국적을 보유한 외국인이라는 사실이다. 다른 것을 마치 같은 것처럼 오인할 경우에 생기는 인식의 오류는 여러 가지 부작용을 초래하기 때문에 이 점을 확실히 염두에 두어야 한다.

한국인들 가운데는 조선족의 이런 현실을 올바로 인식하지 못하거나 오해하는 경우가 더러 있다. 그래도 같은 민족인데 한국이나 조선보다 어떻게 중국이 더 잘 되기를 바라느냐고 힐난하기도 하고, 심지어는 '나는 중국인'이라고 당연한 말을 하는 조선족에게 서운함을 내비치기도 한다. 한반도에 거주하는 한국인들은 같은 민족끼리만 살다 보니 혈통주의에 입각해 민족과 국가를 동일시하는 오류를 곧잘 범한다. 이러한 인식의 오류에서 조선족 같은 재외 동포에 대한 잘못된 행태가 초래한다.

우리는 한국에 사는 외국인이나 한국적을 지닌 국제 결혼 후세들(혼혈인)에 대해서 배타적인 반면에 외국 국적의 우리 민족은 마치 같은 나라 사람인 것처럼 종종 혼동한다. 한국인의 이러한 잘못된 인식과 태도로 인해 특히 조선족들이 피해를 보는 경우가 많다. 마음의 상처를 받기도 하고 중국 내에서의 입지가 더러 곤란해지기도 한다.

우리는 조선족이 외국 국적을 보유한 동포라는 사실을 직시하면서도 그 어떤 해외 이주 동포보다 많은 관심을 기울여야 한다. 조선족은 태동부터 한반도의 불행한 근대사의 산물이다. 생사존망의 갈림길에서 부득이 모국을 떠나 중국으로 이주하였고 이주한 이후에도 모국의 관심이나 지원을 전혀 받지 못하였다. 그렇지만 그들은 이주 초기부터 정착까지의 힘들었던 기간에도 자신의 끼니를 걱정해야 하는 처지이면서 조국의 독립을 위해 애썼으며, 오늘날까지 민족 언어와 풍습을 잊지 않고 모국 사람들 못지 않게 민족 정체성을 유지하고 있다. 그것만으로도 정말 장한 우리 동포들 아닌가? 우리가 그들에게 애정을 갖는 것은 같은 민족의 일원으로서, 또한 민족 주류로서 당연한 일이다.

이런 덕분에 우리는 그들이 집단적으로 거주하는 연변 조선족 자치주에서는 또 다른 모습의 한국이나 '조선'을 발견하게 된다. 그곳은 현재 한반도 국가의 영토로 인정되지 않고 있지만 적어도 문화적 영토라는 개념은 적용할 수 있을 것이다. 이 지역을 여행하다 보면 마치 국내 여행을 하는 것처럼 포근함을 느낀다. 한국인이 어느 외국을 여행한들 연변보다 편할 수 있을까? 누구나 가릴 것 없이 외국에서는 한 번쯤 당했을 언어나 음식 문제도 연변에서는 별 어려움이 없다. 다른 외국에서는 느껴 보지 못하는 따뜻한 정을 연변에서는 느낄 수가 있다. 그곳에서 생활하는 조선족들이 민족 정체성을 유지하고 있기 때문에 가능한 일이다.

나아가 조선족은 서로 대치하고 있는 남·북 당사자가 아닌 제3의 회색 지대로서 한반도 통일에 일정 부분 기여할 수 있다. 뿐만 아니라 우리나라와 21세기 세계 경제 대국으로 발돋움하는 중국 간에 훌륭한 중개자 역할을 수행할 인적 자산이 틀림없다. 그들에 대해 우리가 관심을 가져야 하는 것은 어쩌면 현실적인 일이기도 하다.

오늘날 이 조선족 사회는 중국의 개혁 개방 정책이 실시된 이후 잔잔하던 호수에 파문이 이는 것처럼 그 모습이 나날이 변모하고 있다. 그 변화 가운데는 지금껏 경험하지 못했던 것으로 위기감을 느낄 만한 징후들도 적지 않다. 가장 우려되는 부분은 그동안 형성되었던 민족 공동체의 인구가 자꾸 줄어들면서 조선족의 문화 영토가 붕괴되어 가는 모습이다.

지난날 자신의 문화 영토에서 큰 어려움을 겪지 않아도 되었던 민족 교육 문제가 새로운 난관에 봉착하였다. 이로 인해 민족성의 상실은 물론이고 예전에는 하등 문젯거리로 여겨지지 않던 한족에의 동화도 위기적 상황에 전면적으로 노출되었다.

그럼에도 불구하고 조선족 사회 일각에 만연한 무딘 자의식, 비도덕적 행태, 과소비 풍조, 배금주의, 이기적 행위는 쉽사리 개선될 것 같지 않다. 조선족 사회의 앞날이 걱정스런 것도 이 때문이다. 풍랑을 헤치고 간신히 닻을 내린 어선이 또다시 바람에 떠밀려 망망대해를 헤매야 하는 것은 아닌지, 아니면 그 어선이 결국 난파되고 마는 것은 아닌지 모를 일이다.

오랜 민족 전통을 가지고 있는 조선족 사회가 오늘날 심각한 위기 상황을 맞고 있는 것은 주지의 사실이다. 그러나 이런 조선족 사회의 지난 세월을 탐색하다 보면 감동에 겨워 코끝이 시큰거리고 때로는 고단했던 역정에 눈물을 훔칠 때가 많다. 조선족의 이주사와 정착 과정은 관찰자를 감동시키기에 충분한 한편의 드라마와 같다.

한편 이 탐색 작업은 실로 흥미로우면서도 유익한 일이 아닐 수 없다. 문화 인류학이나 언어학 등을 연구하는 학자들에게는 조선족 사회가 분명히 학문적으로 연구 가치가 있는 대상이다. 대규모 주류 민족에 포위된 소수 민족이 지금까지 집단 거주지를 형성해 민족어를 포함한 문화와 민족 정체성을 유지하고 있다는 사실은 의미 있는 자료를 제공해 주기에 충분하다.

그러나 무엇보다 조선족 사회에 대한 탐색 작업은 우리 모두가 중국 조선족에게 왜 애정을 가져야 하는지 그 이유를 설명해 준다. 이러한 이해를 바탕으로 우리는 국내 조선족 이주 노동자들의 권익이나 조선족 동포들의 처우 문제 등에 대해서도 보다 진전된 시각을 가질 수 있을 것이다.

제1장 조선족은 누구인가?

인접한 국가의 사람들끼리는 서로 상대 지역을 넘나들며 사는 것이 보통이다. 국경이라는 인위적인 장벽이 설정되어 있더라도 그것은 이주에 대한 인간의 필요성을 완전히 차단하지 못한다. 평시에는 무역이란 상행위 활동이나 각종 사회·문화적 요인으로 삶의 본거지를 다른 국가로 옮기기도 한다. 인접한 국가끼리 지배와 피지배의 관계가 존재하는 경우에는 전략적 차원에서 강압에 의한 이주와 왕래가 빈번해질 수 있다. 국가간에 이주와 정착이 계속되면 때로는 상대 지역의 삶의 질을 높이는 작용을 하기도 하고, 때로는 이주자들이 간직하고 있던 고유의 정체성이 정착 지역의 민족과 문화 속에 고스란히 용해되면서 흔적조차 없이 사라지기도 한다.

한반도와 중국은 육로로 이어져 있어 두 나라 사이의 이주와 정착은 역사가 시작된 이후부터 자연스레 형성되었다고 해도 틀리지 않는다. 우리 민족 선인들이 광활한 대륙을 거쳐 한반도까지 내려온 것이 대륙에서 한반도로의 첫 이주에 해당할 것이다. 또 우리 민족

도 기원전 2세기 이전부터 중국으로 이주를 시작한 것으로 알려지
고 있다. 고조선·고구려·백제·신라·고려·조선 왕조 시기에는 물론
이고 일제 강점기 시기에도 정치·군사·경제 및 기타 원인으로 인한
이민 활동은 끊이지 않았으며 그것은 1945년 광복 당시까지 끊임없
이 계속되어 왔다.(황유복, 36~37쪽)

　19세기 이전까지 이주한 이들의 후예들은 유구한 역사의 흐름 속
에서 한족이나 몽골족, 만주족, 기타 민족에 의해 대부분 흡수·동화
되어 그 발자취를 추적하기 어렵다. 물론 후금後金 시기에 중국 땅에
건너갔던 우리 민족의 후손들이 료녕성 진둔향 박가구촌 등지에서
한족, 만주족 등으로 족적族籍을 고쳐 살다가 1982년 중국 당국에
공식적으로 요청해 조선족으로 환원한 사실이 있기는 하다. 하지만
이러한 경우는 극히 일부분에 불과하고 대부분은 이주자들의 흔적
을 찾아보기 어려운 실정이다. 따라서 그들까지도 지금의 조선족 선
인으로 보기 어렵다는 게 일반적인 견해이다.

1. 이주와 정착

　오늘날 중국 땅에서 조선족이라는 신분으로 살아가는 이들의 선
인들은 삶의 무대를 언제, 어떻게 한반도에서 중국으로 옮겨 정착을
하게 된 것인가? 이주와 정착을 통한 조선족의 형성 과정을 살펴보
기로 하자.

현대적 개념으로서의 조선족이란 대체로 19세기 중반부터 1940
년대까지 한반도에서 중국으로 이주·정착한 조선인 이주민과 그들
의 후손들로 정의한다. 그들의 이주 시기는 우리 민족이 역사상 가
장 큰 시련과 고난에 처해 있던 때이다. 백성들은 도탄에 빠져 생존
마저 위협 받았고 나날이 쇠잔해 가던 국가는 마침내 외세의 침탈에
주권마저 내어 주어야만 했다.

이 기간에 진행된 이주였던 만큼 실상이 어떠하였는지는 능히 짐
작이 가고도 남는다. 당시 조선인들의 이주역사는 늙은이를 부축하
고 어린이를 거느리고 쪽박을 차고 정든 고향을 떠나 이국 타향으로
이주한 고난의 역사이고 간난신고와 굶주림과 추위에 시달린 피눈
물의 역사였다.(주필 조룡호·박문일, 40쪽) 또한 모국으로부터 관심과
지원을 전혀 받지 못한 채 전개된 자신과의 외로운 투쟁의 역사이기
도 하다. 오늘날 좀 더 높은 삶의 질을 추구하기 위해 외국으로 향하
는 이민과는 비교조차 할 수 없다.

당시 이주는 기본적인 공통점에도 불구하고 그 시기에 따라서 성
격을 약간 달리 한다. 구체적으로 한일 합방 이전까지의 제1단계와
한일 합방 이후부터 일본 패망까지의 제2단계로 나눌 수 있다.(정신
철, 15~20쪽)

(1) 제1단계 이주

지금으로부터 한 세기 반 전인 19세기 중반 한반도에서는 조선

왕조가 몰락 징후를 보이기 시작하였다. 영조·정조 시대에는 그런 대로 왕권이 안정되었으나 그 이후에 즉위한 순조·헌종·철종 시기에는 세도 정치의 폐해가 극치를 이루었다. 세도 정치에 의한 권력의 집중은 정치의 문란을 가져왔으며, 그로 말미암은 피해는 농민들의 어깨 위로 떨어졌다. 많은 뇌물을 바치고 관직을 얻은 관리들은 그 대가를 농민에게서 염출해야 했기 때문이다.(이기백, 270쪽) 부패 사슬의 기층에 있던 농민들은 풀뿌리 나무뿌리로 목숨을 이어가기 일쑤였다. 그들의 삶은 이루 말할 수 없이 참담하였다. 살아 있어도 산 사람의 삶이 아니었다.

특히 조선인이 중국으로 대거 이주하기 시작한 1860년대 한반도 북부 지방에는 심각한 자연 재해가 몇 해 동안 연속적으로 발생하였다. 1860년 함경도 대수재, 1861년과 1863년, 1866년의 북부 지방 대수재, 1869년과 1870년 북부 지방의 대한재는 일찍이 겪어 보지 못한 것이었다. 이 가운데 1869년 함경도 무산, 회령, 종성, 온성, 경흥 지역을 덮친 한재는 매우 심각하였다. 온 여름 내 비가 한 방울도 내리지 않아 땅이 갈라지고 밭작물들 모두 말라 죽었다. 이로 인해 많은 사람들이 화전민이 되었고 유랑자와 굶어 죽는 사람이 부지기수로 쏟아져 나왔다. 당시 10여 년간 한반도, 특히 북부 지방은 말 그대로 아수라장이었다.

기아 상태에 허덕이던 농민들은 더 이상 고향 땅에서는 살아갈 희망을 찾을 수 없었다. 하나뿐인 목숨을 지탱하기 위해서라도 선택할 수 있는 길은 오직 하나, 그것은 고향을 등지고 강을 건너 중국 동북 땅으로 가는 것뿐이었다. 그곳도 희망에 대한 확신이 서 있던 곳은 아니었다. 단지 눈에 보이는 절망보다는 눈에 보이지 않는 불확실성을 선택했을 뿐이다.

그 길도 결코 순탄하지 않았다. 삭풍이 휘몰아치는 허허벌판 만주 땅으로 무작정 향하는 이주민의 광경을 눈을 감고 상상을 해 보라. 그 비참함에 눈물이 앞을 가로막지 않는가. 경우에 따라서는 목숨과도 바꾸어야 했다. 당시 청나라는 지금의 중국 동북 3성(료녕성, 길림성, 흑룡강성) 일대를 그들 만주족의 발상지라 하여 백두산과 압록강, 두만강 이북 천여리 지역에 대해서 일체의 개간과 벌목, 수렵 등 각종 생산 활동을 금지시키고 다른 민족이 들어오지 못하도록 하는 이른바 '봉금封禁 정책'을 펴고 있었기 때문이다. 월강자들은 잡히면 극형에 처해지기도 했다.

굶주린 조선의 백성들은 이에 주저앉아 있을 수만은 없었다. 이래 죽으나 저래 죽으나 마찬가지라면 차라리 농사지을 땅이 흔한 곳에 가서 한때라도 배불리 먹어 보다 죽는 것이 낫지 않을까 하는 심정으로 봉금령을 어기고 두만강을 건너 연변 지역에 들어가 농사를 지었다. 처음에는 아침에 들어와 일한 뒤 저녁이면 돌아가고, 봄에 들어와 씨를 뿌리고 가을에 거두어 가며, 단속이 심하면 잠시 돌아갔다가 단속이 느슨해지면 들어오는 계절적 거주에서 시작했다. 그러다가 가족을 데리고 들어가 집을 짓고 생활하는 장기적 정착 형태로 변해 갔다.

조선 농민들은 초창기에 압록강, 두만강과 가까운 연안 지역에 거주한 것을 시작으로 1881년경에는 연변 지역에서만 그 수가 만여 명에 이르렀다.

봉금령封禁令 속에서도 활발히 진행된 이주는 마침내 봉금령이 폐지되자 많은 사람들이 봇물 터지듯 만주로 만주로 발길을 돌렸다. 1880년대 전후 청나라는 국제 정세가 자신들에게 불리하게 돌아가자 조선인의 이주에 대해 관용적인 정책으로 바꾸지 않으면 안 되었다. 서구 제국주의가 중국을 침략하는 틈을 타 러시아가 만주 땅을 노리고 훈춘 등 연해 지역을 강점하자 청나라는 변강을 강화하기 위해 동북 지방에 이민을 장려하였다. 이때 산동, 하북 등지의 한족 이주자들은 거리가 멀어 시일이 걸렸지만 조선에서는 강만 건너면 되었기 때문에 조선족 선조들이 만주 땅을 개척할 수 있었다.(정신철, 14~15쪽) 게다가 조선 농민들의 이주 행렬을 부추긴 일이 있었다. 황무지를 많이 차지한 청나라 관리들과 지주, 토호들이 이를 개간하기 위해 5년 동안 조세를 받지 않으며 집과 식량, 씨앗, 일부 농사 자금을 선대해 주는 조건으로 농민들을 모집하였던 것이다. 이런 좋은 조건은 조선 농민들을 자극하여 수많은 농민들이 두만강 북안으로 이주하였다.(박청산·김철수, 39쪽) 처음에는 개간구로 떼어 준 땅에서 살다가 점차 그 경계를 넘어 더 북쪽으로 진출하였다.

이에 따라 연변 지역의 조선인들은 폭발적으로 늘어났다. 1881년으로부터 40년이 지난 1904년에는 다섯 배나 증가한 5만 명에 이르렀으며, 한일 합병 직전인 1909년에는 18만여 명에 달했다.(연변인민출판사 편집부, 『조선족간사』 8쪽) 이들은 대부분 두만강과 압록강 남쪽

연안의 함경북도와 평안북도 출신이었다. 1904년 당시 동북 지방에 거주하던 조선인들의 원적지는 아래 표와 같다.

[표1] 1894~1904년 조선 이민자의 원적지

원적지	1894년	1904년	원적지	1894년	1904년
함경북도	31,500	32,000	황해도	3,100	3,000
함경남도	3,200	4,800	경상북도	1,300	1,800
평안북도	14,400	23,500	경상남도	1,200	1,700
평안남도	9,200	8,500	**합 계**	65,000	78,000

출처: 황유복, 42쪽

일반적으로 낯선 땅으로의 이주는 고독을 수반하고 불확실한 미래에 대한 두려움에 사로잡힌다. 그래서 동향 출신들간에 서로 의존하고 의지하는 경향이 강해진다. 연변 지역 조선인들도 그들끼리 자연스레 집단 마을을 형성해 상부상조하며 이국 생활의 어려움을 이겨 나갔다.

앞에서 살펴본 바와 같이 지금의 중국 조선족 선인들이 한반도에서 중국으로 이주한 역사는 1840년대로 거슬러 올라간다. 그 후 1860년대에 제1차 절정기를 이루었고 1881년 봉금령이 완전히 해제된 이후에는 조선인들의 이주가 자유로워지고 크게 성행하였다. 사회 조사와 역사 문헌에 따르면 조선족 선인 가운데 1850년 전후에 동북 지구로 이주한 사람이 가장 일찍 이주한 경우라고 한다.(주필 조룡호·박문일, 33쪽)

이 시기의 이주는 자발적 이민이라는 특징을 지닌다. 가난한 농민이었던 이주자들은 고향 땅에서는 먹고 사는 기본적인 욕구조차 충족할 수 없었다. 더욱이 연이어 닥친 극심한 재해로 말미암아 생활은 더욱 피폐해졌다. 이에 따라 최소한 목숨을 유지하기 위해서 마지 못해 중국 땅으로 이주를 감행하였다. 그것은 누구의 강요에 의해 삶의 터전을 옮긴 것이 아니라 스스로 먹고 살기 위한 방도를 찾아 이주한 것이다.

(2) 제2단계 이주

1905년 일본의 강압에 의해 을사조약을 체결한 조선은 외교권을 상실하였고, 1910년 한일 합방으로 마침내 주권마저 완전히 내주고 말았다. 나라가 망하기 시작한 이 무렵에도 중국으로 향한 이주는 계속되었다. 이 시기에 진행된 제2단계의 이주 대열에는 파산한 농민과 애국지사들이 주를 이루었다.

19세기 중반부터 시작된 농민들의 중국 이주는 이 시기에 파산자가 속출하면서 더욱 늘어났다. 여기에다 일제의 눈을 피해 독립운동을 하려던 수많은 애국지사들이 새로이 중국 이주 대열에 합류하였다. 1905년 을사 보호 조약을 계기로 전국 각지에서 의병 활동이 불붙었다. 그러나 의병 부대들이 일제에 의해 완전히 초토화되고 그 와중에서 겨우 살아 남은 몇몇 부대들도 더 이상 무장 투쟁을 지속하기가 어려웠다. 그래서 그들은 활동 근거지를 중국으로 옮기지 않으면 안 되었다. 여기에다 일제의 박해 때문에 국내에서 거주할 수 없었던 애국지사들도 중국 동북 지역으로 발길을 돌렸다. 무장 반일 단체나 반일 애국지사들은 비밀리에 국경선을 넘어가거나 위장 형식의 이민을 하였다.

이들이 굳이 중국 동북 지역을 활동 근거지로 택한 것은 나름대로 이유가 있었기 때문이다.

첫째는 지리적으로 압록강과 두만강을 경계로 한반도와 인접해 있으므로 이주하기가 쉬웠고, 산악과 밀림이 겹쳐 일본 군경에 대항해 독립 투쟁을 펼치기에 전략적으로 유리했다.

둘째는 사회적 조건으로 많은 조선인이 이미 이주하여 동포 사회를 이루고 있었으므로 독립군을 조직하는 데 필요한 병력 모집과 양성, 무기 제조와 구입, 보급품 공급이 쉬웠다.

셋째는 일본 세력이 아직 이 지역에 침투하지 않았고 청나라 행정력도 철저하지 못해 비교적 자유롭게 독립운동을 할 수 있었다.

넷째는 정신적인 이유로 중국 동북 지역은 조선인에게는 타국이라기보다는 선조들의 활동 무대로서 역사적 연원이 깊어서 모국과 같이 포근하게 느껴졌기 때문이다.(임계순, 66쪽 재인용)

1910년대의 이민은 이전처럼 단순히 먹고 살기 위해서 이루어진 이민만이 아니었다. 주권을 잃은 조선의 수많은 애국지사들이 독립운동을 전개하기 위해 이주한 정치적 망명 성격을 띠었다.

1910년 9월부터 1911년 말 사이 1년 남짓한 기간에 연변 지구로 이주한 조선인은 만 9천여 명이었으며 1911년에 동북 지구 조선 이

주민은 모두 25만 6천9백 명으로 나타났다.(주필 조룡호·박문일, 39쪽)
1920년대 초에는 중국 동북 3성의 거주 조선인이 이미 65만 명을
넘어섰다.

　이처럼 이주민이 폭발적으로 늘어난 것은 다음과 같은 이유 때문
이다.(중국조선민족발자취총서2, 1~3쪽)

　첫째, 중국의 조선 민족 집단 거주 지역을 기지로 삼아 일제 침략
자들을 반대하고 민족 해방을 쟁취하고자 한 반일 지사들, 그리고
망국노 생활을 원치 않은 이들이 3·1 운동을 계기로 수없이 중국 동
북 지구로 들어갔다.

　둘째, 일제 침략자들이 조선반도에서 파쇼적 식민 통치를 강화하
면서 농민을 파산의 심연 속에 몰아넣고 일본인을 조선에 끌어들여
약탈한 토지를 경작하게 하였다. 반면에 파산한 조선 농민들을 중국
동북 지방으로 내몰았다.

　셋째, 일제 통치하의 조선에서 나날이 기울어져 가는 가세를 다시
일으킬 수 없었던 자작농과 소시민 계층이 삶의 보금자리를 얻어 편
안히 살려고 이주하였다.

　넷째, 조선에서는 취직이 어려웠기 때문에 만주에 들어가 취직하
려 한 지식인들도 적지 않았다.

　다섯째, 만주는 살기 좋은 낙원이라는 풍문을 듣고 한몫 톡톡히
벌려는 상공업자와 지주들이 이주해 갔다.

　여섯째, 극소수이기는 하나 친일파들도 이주 대열에 포함되었다.

　이런 저런 이유로 1931년 당시 동북 지방을 떠돌아다니던 유동인

구까지 포함하면 조선 이주민의 수는 백만 명에 이르렀다고 한다. 한 서양인 목사는 당시 이주민들의 모습을 생생하게 전하고 있다.

> 만주에 오는 조선 이민의 고통은 심지어 그들의 불행을 실제로 목격한 사람조차 완전히 묘사할 수 없다. 겨울날 영하 40도의 혹한 속에서 백의를 입은 말 없는 군중은 혹 10여 명, 혹 20여 명, 혹 50여 명씩 떼를 지어서 산비탈을 기어 넘어온다. 그들은 만주의 수림樹林많고 암서 많은 산변山邊의 척박한 토지에서 악전고투를 하면서 한 가닥의 살 길을 얻기 위하여 신세계를 찾아 저와 같이 몰려오는 것이다. 많은 사람들이 식량 부족으로 말미암아 죽었다. 부인이나 어린아이뿐만이 아니고 청년들도 동사하였다. 그들의 비참한 생활 위에는 또 질병이 닥쳐왔다.
>
> 남루한 옷을 입은 여자들이 신체의 대부분을 노출한 채 어린아이를 등에 업고 간다. 그와 같이 업음으로써 조금이라도 서로 신체의 체온을 나누고자 함이다.(정신철, 16~17쪽 재인용)

중국으로 향한 이주민들이 계속 늘어나면서 처음에 두만강, 압록강 북안 지구에 형성되었던 거주지가 북부와 서부 방향을 따라 동북 내지로 점차 확산되어 갔다.

두 번째 이주 단계도 지금까지 서술한 1920년대까지와 그 이후 시기는 성격이 사뭇 다르다. 1920년대까지의 이주가 자발적 이주라면 1930년대 이후는 그 이전과 달리 강제적 성격을 지닌다. 1931년

9·18 사변을 일으킨 일제는 중국의 동북 3성을 식민지로 만들고 만주 개발에 따른 노동력을 해결하기 위해 강제 이주 정책을 단행했다. 이로 인해 많은 농민들이 정든 고향을 떠나 중국의 동북 지방으로 이주하였는데, 1937년부터 이 지역의 조선인 수는 해마다 2, 3만 명씩 불어났다.

일제의 감언이설에 현혹되어 이민을 떠난 이들도 적지 않았다. 연변 왕청현으로 이주했던 한 노인은 눈물겨운 이민 생활상을 이렇게 증언했다.

> 놈들은 이민으로 가게 되면 논 하루갈이, 밭 사흘갈이, 황소 한 마리를 주고 문패까지 단 새 집에 들게 하고, 창고에는 1년 먹을 식량을 저장해 두었고, 3년만 농사지으면 부자가 된다고 했지요. 얼마나 달콤한 말입니까! 산 설고 물 설고 낯설고 기후마저 선 이곳에 오니 고향 생각에 눈물이 저절로 흐르더군요. 너무나 억울하여 모두 울었지요. 우리는 고생해도 고향에 가서 고생하고 죽어도 고향에 가서 죽자면서 인솔자에게 왕복 차비를 스스로 부담할 테니 고향에 실어달라고 청을 넣었습니다. 그랬더니 놈들은 총창을 든 일본 수비대를 출동시켜 강제적으로 짐과 함께 부녀자들을 마차에 싣고 떠나지 않겠습니까.(중국조선민족발자취총3, 212~213쪽)

강제 이주가 단행되면서 8·15 해방 직전인 1945년 6월에는 중국 동북의 조선인이 216만 3,115명에 이르렀다. 당시 한반도 인구 2천

5백만 명의 10%에 육박하는 규모였다.(정판룡①, 256-7쪽) 날로 증가하던 중국 조선인 수는 1945년 일제가 패망하자 새로운 전기를 맞이하였다. 많은 조선인들이 조국의 광복을 기뻐하며 설레는 마음으로 귀국 길에 올랐던 것이다. 이로써 중국 거주 조선인은 대폭 감소하여 1940년대 말에는 111만여 명으로 집계되었다.

(3) 조선족의 형성

조선족 1세대인 초기 이주자들 중에는 조국의 독립을 쟁취하기 위해 중국으로 망명한 사람도 있었지만, 고향에서 생계를 꾸리지 못해 식솔을 거느리고 정든 산천을 떠난 가난한 농민들이 대부분이었다. 이들 가운데는 늘어나는 빚을 감당하지 못해 채권자의 눈을 피해 눈물을 머금고 야반도주를 감행한 이도 있었다. 그들은 오직 맨손 하나로 온갖 어려움을 극복하며 만주의 버려진 땅을 옥토로 개간하였다. 그러나 그 땅을 하루아침에 관헌과 토호들에게 빼앗기고 토비 무리들에게 생명의 위협을 당하기도 했다. 가난을 피해 외국으로 이주한 이민 1세대들은 대부분 이주한 땅에서도 가난의 멍에를 벗지 못하고 한 많은 생애를 마감했다.

가진 재산도 없고, 안전을 보장해 줄 나라도 없었던 그들이 당했을 고통은 쉽게 상상이 된다. 그러나 그들이 보여 준 인내와 근면, 불굴의 정신은 마치 유전 인자처럼 조선족 후손들에게 면면히 전승되어 오늘날 조선족 사회의 정신적 토대가 되었다.

조선인들이 중국으로 이주할 수밖에 없었던 시대적 배경은 결과적으로 중국 조선족을 태동시켰고, 이는 조선족을 중국의 다른 소수민족과 구별하는 요소이기도 하다. 중국 내 대부분의 소수 민족이 원래부터 중국 대륙에 뿌리를 둔 토착 민족인 반면에 조선족은 중국 밖의 모국에서 사정상 중국으로 건너간 이주 민족에 해당한다. 이 점이 다른 소수 민족과 다르다. 이 때문에 중국 조선족은 한동안 그 지위와 신분이 애매모호하였다.

중화인민공화국이 건국되기 이전까지 당시 중국에 거주하던 조선인들은 엄밀히 말해 현대적 용어로서의 조선족이 아니었다. 당시 중화민국 정부(국민당 정부)는 조선인 거주민을 소수 민족으로 인정하지 않고 외국 거류민으로 보았다. 중국에 거주하는 조선인, 즉 조선 교민이었다는 말이다. 그들은 자기가 살고 있는 땅의 주인으로 인정된 것이 아니라 단순히 나그네 취급을 받았을 뿐이다.

그러나 소수 민족에 대한 중국 공산당의 시각은 국민당과 달랐다. 공산당은 중화인민공화국 건국 이전부터 조선인 거주민을 시종일관 소수 민족의 하나로 인정했다. 1928년 7월 9일 중국 공산당 제6차 전국 대표회의는 민족 문제에 대한 결의안에서 중국 경내의 소수 민족 문제(북부의 몽골, 회족, 만주의 고려인, 복건의 대만인, 남부의 묘·여 등 원시 민족과 신강과 서장)가 혁명에 중대한 의의가 있다고 천명했다. 만주의 고려인, 즉 조선 이주자를 중국 경내 소수 민족의 하나로 분명하게 인식한 것이다. 이것은 중국에서 조선인을 소수 민족으로 인정한 최초의 문건으로 여겨진다.

1939년 모택동이 한 어록도 중요한 의미를 지닌다. 그는 '중국에는 몽골인과 회인回人, 장인藏人, 조선인 등 수십 개의 소수 민족이 있으며 중국은 다수 민족으로 구성된 광대한 인구를 가진 하나의 국가'라고 지적하고, 이들은 모두 선거권과 피선거권이 있다고 강조하였다.(정신철, 35쪽)

1945년 9월 말 조선족의 국적 문제에 유의해 온 중공 중앙 동북국은 역사적인 시각에서 객관적으로 중국 조선족의 상황을 분석한 결과 조선족은 중국의 소수 민족이며 한족과 마찬가지로 평등한 권리와 의무를 향유한다고 밝혔다.(한준광 주필, 295쪽)

한편 중국 공산당과 국민당간에 무장 투쟁이 치열하게 벌어진 1946년부터 49년까지 중국 공산당은 동북 지방에서 북만, 동만, 남만, 서만 등 혁명 근거지를 건설하면서 조선족의 집단 거주 구역인 동만 근거지(연변 일대)에서 처음으로 중국 공산당의 민족 정책을 실천에 옮겼다. 1946년 12월에 열린 길림성 군중 사업 회의에서 주보중은 다음과 같이 조선족에 관한 중대 문제를 보고하였다.

> 1928년 이후 중국 동북 당조黨組에서는 동북 지방, 특히 연변의 조선 거류민들을 동북 경내의 소수 민족으로 취급하였다. 그들은 중국인과 동등하게 모든 권리가 있으며 자치권과 분립권이 있다.(천수산, 297쪽)

1948년 12월 중공 연변 지구 위원회 서기는 상급의 지시에 따라 연변 지역에 거주하는 조선 인민을 중국 내 조선족 소수 민족으로 승인·확정하고 중화민주공화국의 일부분이라고 선포하였다.(김병호·강기주, 109쪽) 이처럼 중국 공산당과 모택동은 동북 지방의 조선인 거주민에 대해 시종일관 같은 입장을 취했다. 조선인들을 중국 소수 민족의 하나로서 '중화 민족' -중국을 구성하는 56개 민족-의 일원이며 중국 인민이라는 점을 분명히 하였던 것이다.

공산당이 국민당 정부와의 내전에서 승리를 거두어 1949년 중화인민공화국을 건국하자 조선인 거주민의 신분에도 자연히 큰 변화가 생겼다. 이 같은 인식이 보다 명확해지고 실질적인 정책으로도 나타났다. 1950년 12월 6일자 〈인민일보〉는 '중국 동북 경내의 조선 민족'이라는 논설에서 "조선 인민은 중국 경내 소수 민족의 자격이 있다."고 주장하였다.

이 즈음부터 연변 조선족 자치주가 건립된 1952년 사이에 조선족이란 명칭도 확정되었을 것으로 보는 견해가 많다.(황유복, 96~97쪽) 이주자로서 외국 거류민의 신분이었던 조선인들이 비로소 중국 소수 민족의 하나로, 다른 토착 민족과 더불어 중국 대륙의 주인으로 인정받게 된 것이다.

조선족은 중국 당국으로부터도 이러한 위상에 걸맞는 대우를 받아 왔다. 그 상징으로 우리는 조선족 대표가 중국의 건국 회의에 참석한 사실을 꼽을 수 있을 것이다. 후에 연변 조선족 자치주 초대 주장을 지내기도 한 주덕해는 1949년 9월 조선족을 대표하여 중국 인민 정치 협상회의 제1기 전체 회의에 참가하여, 전국 각 민족 각 계층 대표들과 함께 건국 대계를 협상하고 중국 인민 정치 협상회의 공동 강령을 제정하였으며 개국 의식에 참가하였다.(연변조선족자치주 개황 집필소조, 133쪽) 회의에 참가한 소수 민족 대표는 12명이었는데, 주덕해는 소수 민족을 대표하여 대회 발언까지 하였다.

1954년에는 주덕해, 김시룡이 전국 인민 대표회의 제1기 제1차 회의에 여러 대표들과 함께 참석하여 중국의 첫 헌법을 제정하였다. 이 두 가지 일은 조선족이 중국의 주인임을 보여 주는 뜻깊은 사건으로 평가된다.

그러나 여기서 분명히 짚고 넘어갈 부분이 있다. 중국으로 이주한 조선인들은 이주 직후부터 새로운 이주지에서 크나큰 역할을 했다. 청나라가 2백여 년간 봉금 지역으로 묶어 둔 불모지를 피땀 흘려 개간하여 논밭을 일구었다. 또한 목숨을 바쳐 놀랄 만한 성과를 올려 그 땅에 뿌리를 깊이 내리고 생존 기반을 튼튼히 닦았다. 지금의 중화인민공화국 건국에도 조선인들의 기여와 공헌은 빠뜨릴 수 없다. 1945년 일제가 패망한 뒤 공산주의 혁명과 토지 개혁에 적극 참여하여 다른 민족과 마찬가지로 평등하게 토지를 분배 받았고, 중국 통일 전쟁 때에는 큰 희생을 치르면서 중화인민공화국 건설에 큰 기여를 하였다.(임계순, 305~306쪽)

중국 조선인들은 이처럼 스스로의 희생과 노력이 있었기 때문에 소수 민족으로 인정을 받아 중국 대륙의 주인이 될 수 있었다. 결코 누가 희사했거나 무임 승차로 지금과 같은 지위를 획득한 것이 아니다. 지금까지와 마찬가지로 앞으로도 그 땅에서 중국 인민으로 살아갈 조선족 후대들은 이 점을 반드시 명심해야 한다. 이주 민족은 자칫 소외감을 느끼기 쉬운데, 그들의 삶을 당당히 살아가기 위해서라도 이러한 인식이 꼭 필요하다.

2. 조선족의 분포

조국이 일제로부터 해방을 맞이하자 중국에 거주하던 많은 교민들이 나라를 되찾은 희열을 안고 모국으로 돌아왔다. 그러나 사정상 귀국을 하지 못하고 중국에 그대로 남게 된 교민도 중화인민공화국이 건국된 1949년 당시 111만여 명에 이르렀다. 그로부터 반세기가 훨씬 지난 현재 조선족은 얼마나 될까? 그들은 광활한 중국 대륙의 어느 곳에서 생활 터전을 잡고 있을까?

이들의 분포 상황을 살펴보는 것은 여러 측면에서 의미가 있다. 무엇보다 조선족은 중국 내의 다른 소수 민족과 달리 이주 민족이기 때문에 인구 분포 변화를 통해 그들의 과거와 현재를 고찰할 수 있고 미래를 가늠할 수 있다. 또 자치주의 미래 위상, 발전과 연관된 중요 시사점을 제공해 줄 수 있을 것이다.

(1) 조선족 인구 개요

2000년 제5차 중국 인구 조사에 따르면 중국 대륙의 인구는 12억

6천5백83만 명으로 나타났다. 이 가운데 주류 민족인 한족이
91.59%를 차지하고 나머지 55개 소수 민족은 1억 6백43만 명으로
전체의 8.41%를 차지하였다.

[표2] 2000년 제5차 중국 인구 조사

총인구(만명)	한 족		소 수 민 족	
	인구수(만명)	구성비(%)	인구수(만명)	구성비(%)
126,583	115,940	91.59	10,643	8.41

출처: 2000년 제5차 전국인구조사(중국통계출판사, 2001)

중국 소수 민족은 1964년에 실시한 2차 인구 조사 이후 전체 인
구에서 차지하는 구성 비율이 줄곧 상승하였다. 조선족의 경우는 예
외로 정체 내지 감소 상태를 보이고 있다. 심지어 2000년도에는 처
음으로 마이너스 자연 성장률을 기록하기도 했다. 5차 인구조사에
서는 소수 민족 중 13번째인 193만 명으로 전체 소수 민족의 1.81
%로 나타났다.

갈수록 규모가 감소하는 조선족은 중국의 어느 지역에서 주로 살
고 있을까? 1990년 당시 조사를 토대로 지역별 분포를 살펴보자.

[표3] 조선족의 지역별 분포

계	길림성	흑룡강성	료녕성	내몽골자치구	기 타
1,920,597	1,181,946	452,398	230,398	22,641	33,214
	61.54%	23.56%	11.99%	1.18%	1.73%

출처: 김병호·오상순, 49쪽

조사 당시 전체 조선족의 97% 이상이 동북 3성에 거주하였다. 그런데 이들의 한반도 출신 지역을 보면 흥미로운 점이 발견된다. 두만강 연안의 연변 지구와 거기에 인접한 목단강 지구에는 함경도 출신이, 압록강 연안의 료녕성에는 평안도 출신이 주를 이루며 북만지역에는 경상도 출신이 많다. 두만강과 압록강을 먼저 건너간 한반도 북부 사람들이 강 건너편 가까운 곳을 차지하고 뒤늦게 간 남부 사람들이 북만이나 내몽골로 간 것이다. 마치 한반도를 압록강과 두만강을 축으로 뒤집어 놓은 것과 같은 분포이다.(정판룡①, 205쪽)

아직까지 각 지역마다 이런 인적 구성의 근간은 유지되고 있으나 동북 3성에 집중되었던 인구 분포도는 최근 변화를 겪고 있다. 개혁개방 정책과 한·중 수교로 많은 조선족들이 집단 거주지의 울타리를 넘어 산해관 이남인 북경이나 상해, 대련, 청도 등지로 생활 무대를 옮기고 있다. 조선족의 이러한 전국화 현상은 지금도 숨 가쁘게 진행된다.

그러면 구체적으로 조선족의 집단 거주지이자 자치주인 연변의 경우를 보도록 하자. 2001년 말 현재 연변 자치주에는 전체 조선족의 43.5%인 840,096명이 거주하는 것으로 나타났다. 연변 조선족 자치주 내 지역별 거주 현황은 다음과 같다.

[표4] 연변 지역 조선족 거주 현황

연길시	도문시	둔화시	훈춘시	용정시	화룡시	왕청현	안도현
231,288	77,517	21,670	89,053	174,449	121,677	77,504	46,938

출처: 연변통계연감 2002(중국 연변인민출판사)

표에서 보는 바와 같이 연변 지역 조선족의 절반 가까이가 자치주 주도인 연길시와, 전통적으로 우리 민족의 생활 근거지인 용정시 두 지역에 밀집되어 있다. 놀라운 점은 연변이 조선족 자치주인데도 불구하고 한족에 비해 인구가 적다는 사실이다.

[표5] 연변 지역 조선족 거주 현황

연길시	도문시	둔화시	훈춘시	용정시	화룡시	왕청현	안도현
231,288	77,517	21,670	89,053	174,449	121,677	77,504	46,938

출처: 연변통계연감 2002(중국 연변인민출판사)

중화인민공화국 건국 당시 연변 지역 인구는 조선족이 63.36%를 차지하여 한족을 압도하였다. 말 그대로 연변은 조선족의 집단 거주 지역이었고, 인구 구성상 이 지역을 조선족 자치주로 만든 것은 당연한 일이었다.

[표6] 연변 지역 각 민족 인구 구성

(단위: %)

년 도	총인구	한 족	조선족	만주족	회 족	몽고족	기타민족
1949	100	34.57	63.36	1.80	0.26	0.01	—
1965	100	51.22	46.82	1.64	0.30	0.02	—
1990	100	56.65	40.54	2.43	0.30	0.07	0.01
1995	100	57.56	39.52	2.53	0.29	0.08	0.02
1998	100	58.20	38.94	2.47	0.29	0.07	0.03
2001	100	58.70	38.40	2.50	0.30	0.08	0.02

출처: 연변통계연감 2002(중국 연변인민출판사)

이후 조선족의 인구 구성비는 해마다 떨어져서 1965년에는 드디어 조선족과 한족의 인구 구성이 처음으로 역전되었다. 1993년부터는 조선족 비율이 40% 이하로 내려갔으며 2001년 현재 38.40%를 차지하고 있다. 현재의 인구 구성비만 보면 연변 지역이 어떻게 조선족 자치주로 성립되었는지 의아스럽게 느낄 만하다.

반면에 한족은 인구가 계속 증가하여 1949년 당시 34.57%를 차지하였으나 반세기가 지난 오늘날 58.70%에 이른다. 인구 규모도 1949년 당시 288,757명에서 현재는 1,284,349명으로 4배 이상 늘어났다. 조선족은 529,258명에서 842,135명으로 소폭 증가했을 뿐이다. 조선족의 인구는 미미하게 증가하고 한족은 대폭적으로 늘어나 두 민족간의 인구 구성 비율이 역전된 것이다.

1990년대 10년간 연변 조선족 자치주 내 조선족 인구 성장률을 살펴보자. 아래 표는 시사하는 바가 매우 크다.

[표7] 연변조선족 인구 변화 (단위: %)

	1990	1991	1992	1993	1994	1995	1996	1997	1998	1999
출생률	13.83	11.37	9.88	7.58	6.79	5.84	5.06	4.52	4.42	4.42
사망률	6.74	6.45	6.15	6.06	6.02	5.81	6.13	5.61	5.74	5.84
자연성장률	7.09	4.92	3.73	1.52	0.77	0.03	-1.07	-1.09	-1.32	-1.42

출처: 량옥금, 158쪽

연변 조선족 자치주 내 조선족 인구 자연 성장률은 1990년 이후 계속 떨어지다가 마침내 1996년에는 마이너스 상태에 이르렀다. 그

해 출생률은 5.06%, 사망률은 6.13%로 처음으로 -1.07%의 자연성
장률을 나타낸 것이다. 참고로 당시 중국 전국의 출생률과 사망률은
각각 7.1%와 5.29%로 자연성장률은 1.81%였다. 1993년에 연변
조선족 자치주에서 마이너스 성장을 보인 향·진은 7개에 불과하였
으나 1997년에는 전체 향·진의 76.2%인 80개에서 마이너스 성장
률을 기록했다.(안화춘, 114쪽)

　이런 추세가 지속될 경우 21세기 말 연변의 조선족 인구는 19만
명으로 급감할 것으로 예측되고(리동근, 291쪽) 한족과의 인구 역전
현상은 보다 심화될 전망이다.

　민족의 실체는 일정한 수량의 인구로 표현된다. 다민족 국가에서
소수를 차지하는 민족이 인구 성장이 느리고 구성 비율이 떨어진다
면 민족 실체가 약해지는 것을 의미한다. 이는 다수 민족에게 급속
도로 동화된다는 사실과 마찬가지이다. 때문에 인구의 자연성장률
의 하강은 민족 존속 문제와 밀접히 연계되어 있다.(정신철, 224쪽)
자치주는 물론이고 조선족 사회의 미래는 궁극적으로 적정 규모의
인구를 유지하느냐에 달려 있다. 인구 문제는 민족 발전의 관건이라
해도 과언이 아니다. 우리가 조선족 자치주의 미래를 걱정하는 이유
도 인구 문제에 대한 명확한 확신이 서지 않기 때문이다.

(2) 자치주 내 조선족의 감소

　왜 연변 조선족 자치주 내에서조차 조선족 인구가 줄어들고 한족

과의 인구 구성 비율이 역전된 것일까? 어떤 연유로 자치주의 앞날에 대해 낙관적인 전망을 하지 못하는 상황에 직면한 것일까?

자치주 내 조선족 인구 감소의 원인으로 낮은 출생률을 지적할 수 있다. 조선족은 중국 정부가 추진하는 산아 제한 정책을 가장 모범적으로 준수한 민족이다. 그 결과 인구 증가율이 중국 내 여러 민족 가운데 가장 낮다. 1982년에서 2000년 사이 근 20년간 중국 전체의 인구 증가율은 25.56%였다. 한 가정에 한 자녀만 낳도록 하는 주류 민족인 한족의 인구 증가율은 23.23%, 두 자녀까지 낳을 수 있는 소수 민족의 평균 인구 증가율은 58.14%였다.

그러나 조선족의 인구 증가율은 같은 처지인 소수 민족은 물론이고 한족에 비해서도 크게 밑도는 8.99%에 불과하였다. 원래부터 자녀 교육을 중시하는 민족이다 보니 자녀 양육 과정에 드는 각종 비용을 감안해 한 자녀만을 낳기 때문이다. 실제로 자녀를 둘 이상 둔 조선족 가정은 드물다. 이로 인해 조선족 사회는 지금 인구 감소라는 최대의 위기 상황을 맞고 있다.

이와 더불어 지적되는 것은 조선족의 활발한 해외 이주와 전국화 현상이다. 1982년 당시 조선족은 자치주가 속해 있는 길림성을 비롯해 흑룡강성, 료녕성 등 동북 3성에 1,733,970명이 거주하였다. 이는 전체 조선족 1,765,204명의 98.23%에 해당하는 규모이다. 중국 동북 3성은 조선족에게 어떤 곳인가? 1세대 이주자들이 압록강과 두만강을 건너 처음으로 중국에 뿌리를 내린 조선족의 보금자리이자 정신적 고향이 아닌가? 그곳에서 조선족들은 줄곧 집단 생활을 하였다. 동북 3성 이외 지역에서 조선족이 만 명 이상 되는 곳은 내몽골 자치구 한 곳뿐이었고 천 명 이상 되는 지역은 북경시와 하북성 두 곳, 500명 이상 되는 성도 5곳에 지나지 않았던 것이다.

그러나 1990년도에는 동북 3성에 전체 조선족 1,923,361명의 97.14%인 1,868,377명이 거주하는 것으로 조사되었다. 이전의 조사에 비해 동북 3성의 밀집도는 1.09%가 떨어진 반면에 전국화 현상은 확연하게 드러났다. 내몽골 지역에 거주하는 조선족은 2만 명이 넘었고 천명 이상 되는 성·시도 9곳이나 되었다.

이러한 인구 분포도는 중국 정부가 추진한 개혁 개방 정책이 심화됨에 따라 최근에는 더욱 뚜렷하게 변하고 있다. 그동안 철옹성처럼 여겨지던 동북 3성의 울타리를 뛰어넘어 일자리나 학업을 위해 수도 베이징을 비롯해 각 지역으로 생활 무대를 확장하고 있다. 베이징에는 1990년의 통계에 의하면 거주 조선족이 6천여 명에 불과했으나 최근에는 5만 명이 넘을 것으로 본다. 근래 몇 년간 북경, 상해, 천진, 광주 등 대도시와 발해만 주변 지역으로 진출한 중국 조선족 수는 20만 명을 초과한다는 추측이 있다.(정판룡④, 15쪽) 전체 조선족 인구의 1/10이 집결 지역이던 동북 3성을 떠나 산해관 이남 지역으로 진출한 것이다. 이들 대부분은 연변이나 흑룡강성, 료녕성의 조선족 농촌 출신들이다. 신개척지로 나선 이들은 마치 알을 깨고 나온 새와 같은 모습이다. 민족 집단 거주지에서 동족들과 함께 별 어려움 없이 생활하다 그곳을 떠난 순간 다수 민족인 한족에 완전히 포위되고 만다.

　　동북 조선족들이 산해관 이남 지역으로 대거 이주한 것은 한·중 양국 관계에 기인하는 바도 크다. 두 나라가 국교를 맺으면서 교류가 활발해지고 많은 한국인들이 중국으로 진출하였다. 이에 따라 한국인을 대상으로 음식점이나 노래방을 직접 운영하거나 종사하는 조선족이 많이 생겨났다. 천진시나 산동성의 청도, 위해, 연대 그리고 베이징에 우후죽순처럼 들어선 여러 한식점과 가라오케가 이를 잘 말해 준다.

　　중국 각지에 진출한 한국계 기업의 영향도 크다. 한국 기업들은 진출 초기부터 말과 문화가 같은 조선족 종업원을 선호했고 조선족들도 중국 회사보다 대우가 나은 한국 회사를 원했다. 한국 기업이 진출하는 곳에는 자연히 조선족도 뒤따라 유입되는 모습이었다. 이런 이유로 연변 조선족 자치주는 민족 인구가 날로 감소하고 있다.

　　광활한 중국 대륙 곳곳에서 생활하는 조선족을 보면 강인한 생명력과 역동성이 느껴진다. 그러나 이 때문에 자치주 내의 조선족 인구 구성비가 날로 떨어지고 한족과의 인구 역전 현상이 심화되는 결과를 낳았다. 이런 상황이 앞으로 계속된다면 연변 조선족 자치주는 언젠가 무늬만 자치주로 남게 될 것이다.

3. 조선족의 언어

　　언어는 마치 생물과도 같아서 세력이 확장되기도 하고, 세력을 상실해 생명력이 끊어지기도 한다. 한동안 영국과 미국이 세계를 지배하면서 그들의 언어인 영어는 많은 약소 언어를 지상에서 몰아내고 그 자리를 대체하였다. 그런가 하면 한때 중국 대륙을 지배하던 만주족의 언어는 이제 고서에서나 찾아보게 되었다. 반면에 세계 각지에 흩어져 사는 한족漢族들은 정착 국가의 언어와 더불어 그들의 모국어를 대대손손 사용하고 있는데, 그런 모습을 보면 언어의 생명력이란 그것을 사용하는 사람들의 정신과 밀접한 관련이 있어 보인다.

모국을 떠나 해외에 이주, 정착한 사람들이 거주 지역 사람들 속에 섞여 사는데도 굳이 자신의 민족 언어를 지키고 계승해야 하는 이유는 무엇일까? 민족 언어는 민족 문화를 반영할 뿐만 아니라 어떤 의미에서는 민족 문화 심리를 결정한다. 민족 성격은 일정한 문화 환경에서 형성되고 계승된다. 그런데 이 문화 환경의 공동 매개물이 바로 민족 언어이다. 그러므로 하나의 민족이 자기의 민족 언어를 보존하고 발전시킬 수 있는가 없는가는 그 민족의 운명과 관계되는 것이다.(리홍우①, 82쪽) 이런 이유 때문에 세계 각 이주 민족들은 자신의 민족 언어를 보존하기 위해 애쓴다.

이주 역사가 한 세기 반에 가까운 조선족 사회가 여전히 민족 언어를 잃지 않고 모국어를 계속 사용하는 것을 우리는 높이 평가해야 한다. 그 혼과 정신을 과소평가해서는 절대 안 된다. 중국은 어떤 언어 환경을 가진 나라인가? 92%를 차지하는 한족의 언어가 세력권을 형성하는 나라가 아닌가?(우리나라 사람들이 일반적으로 중국어라 부르는 한족 언어를 중국에서는 절대 중국어라고 부르지 않고 한어라고 칭한다.

왜냐하면 중국은 한족 이외에도 55개의 소수 민족이 있고 이 가운데 53개 소수 민족이 민족 고유어를 사용하고 있기 때문이다.) 그럼에도 불구하고 조선족의 언어가 지금껏 생명력을 유지하고 있다는 사실은 실로 감탄하지 않을 수 없다. 다 같은 해외 이주 민족이라 하더라도 미국이나 일본에 거주하는 우리 민족은 2, 3대만 내려가도 민족어를 제대로 구사하지 못하는 현실이고 보면 중국 조선족의 위대성을 충분히 인정해야 한다.

절대적으로 다수 민족에 포위된 조선족이 우리 말과 글을 계속 이어올 수 있었던 것은 무엇보다 스스로 피나는 노력을 했기에 가능했다. 가진 재산 없이 맨몸으로 이주한 조선족의 이주 초기 삶이 얼마나 열악했는지는 상상하기 어렵지 않다. 그런데도 마을이 형성되는 대로 학교부터 먼저 세워 민족 교육을 실시하였고, 조상으로부터 전승된 말을 잊지 않으려고 부단히 노력을 기울였다. 그로 인하여 오늘날까지 모국어를 계승할 수 있었던 것이다.

또 다른 요인은 조선족이 집단 거주 지역을 형성해 생활했기 때문에 모국어를 비교적 쉽게 보존할 수 있었다는 점이다. 연변을 중심으로 한 집단 거주는 자치주의 성립을 가능하게 했고, 이로 인하여 민족 학교라는 제도권 교육을 통해 민족 언어를 체계적으로 전수할 수 있었다.

세대가 내려 갈수록 사정이 달라지고 있지만, 한 세대 전만 해도 적어도 자치주 내 조선족에게 민족어는 생활 언어이자 공용어였다. 반면에 한어는 제1외국어에 지나지 않았다. 자랑스러운 일은 아니

지만 아직도 조선족 대학생들 중에서도 한어에 서투른 이가 적지 않
다. 어떤 한족 대학생은 조선족 학생과 약속을 하면 어긋나는 경우
가 많다며 불평을 털어놓았다. 그 원인이 한어에 대한 이해력이 낮
기 때문이라고 한다. 물론 극단적인 경우에 해당하겠지만, 그만큼
민족 언어가 생활 속에 깊숙이 뿌리박혀 있다는 반증이기도 하다.

그러나 만약에 조선족들이 개별적으로 한족 사회에 침투해 살았
다면 어떻게 되었을까? 틀림없이 지금과 같은 수준에서 민족 언어
를 보존하지 못했을 것이다. 한족에 동화되어 민족어를 전혀 구사하
지 못하는 사람도 많을지 모른다.

마지막으로 중화인민공화국의 소수 민족 정책도 여기에 한몫을
하였다. 지금의 중국 정부는 56개 민족으로 구성된 다민족 국가라는
사실을 일찍부터 인정하고, 각 민족이 자신의 민족성을 유지하려는
노력과 활동에 대해 비교적 많은 지원을 하였다. 특히 언어 문제에
서 그러하다. 아무리 소수 민족 정책이 개방적인 나라 하더라도
그들의 언어를 공용어로 인정하는 경우는 극히 드물다. 그러나 중국
은 민족 자치주 내에서는 그 민족어를 한어와 함께 공용어로 채택하
였다. 간판에서부터 조그만 상표에 이르기까지 민족어와 한어 두 가
지 문자를 나란히 표기하도록 한다. 그 중에서도 민족어를 반드시
상단이나 오른쪽에 쓰도록 하여 자치주 내에서 제1 언어의 지위에
있음을 공인하고 있다.

거주 국가의 정책이 반 소수 민족적인 경향을 보인다면 소수 민족
이 자신의 언어를 지켜 내기가 쉽지 않다. 극동 연해주에 거주하던

고려인들이 강제로 중앙아시아 지역으로 이주하였고 결국에는 모국어를 상실하게 된 것이 구 소련의 반 소수 민족 정책에 기인했다고 볼 때 중국의 소수 민족 정책은 보다 진보적이고 개방적이다. 이러한 소수 민족 정책 때문에 조선족은 자신들의 민족 언어를 오늘날까지 비교적 용이하게 보존할 수 있었다.

조선족 언어는 현대 한국어에서는 자취를 감춘 토속어를 아직도 많이 보유하고 있지만 한편으로는 한어의 영향으로 현대 한국어와 이질적인 성향을 보이기도 한다.

조선족이 사용하는 언어와 한국어는 불통 직전 단계까지 왔다고 해도 과언이 아니다. 나는 조선족들이 하는 말을 거의 알아듣지를 못한다. 그래서 괜한 오해를 불러일으키는 경우가 없지 않다. 정말 세월은 한 민족의 언어를 이렇게까지 변모시켰는가 하고 의아하게 느껴질 때가 많다. 그래서 나는 조선족이라 하더라도 중요한 이야기를 할 때면 한어를 사용하려고 한다. 그게 오히려 뜻을 명확하게 전해 주어 불필요한 오해를 사지 않기 때문이다.

연길 시내에 거주하는 한 한국인이 들려 준 이야기이다. 조선족과 대화를 해 본 한국인은 대개 비슷한 생각을 하게 된다. 조선족의 언어와 한국어는 세월의 흐름만큼이나 이질적인 요인들을 확대 재생산하여 극단적인 단계에까지 이르렀다. 두 언어는 어떤 연유로 의사소통에 장애를 초래할 만큼 이질적으로 변했는가?

먼저 현대 한국어에는 없거나 다른 뜻을 지닌 한어 단어가 조선족 언어 속에 많이 이식되었다는 점이 이채롭다. 중국에서 생활하는 상황이니 한족과 내왕해야 하고 한어를 병용하기 때문에 조선족 언어는 한어 어휘의 영향을 적지 않게 받아 순수한 민족 말을 쓰는 사람이 갈수록 적어지고 있다. 민족 말에 한어, 특히 새로 나온 한어 어구를 섞어 쓰는 것이 예사가 되었다.(김종국①, 37쪽)

예를 들어 '끝내다'는 의미의 결속結束이나, '항상'을 뜻하는 경상經常은 각각 '지에쑤'와 '징창'이란 음을 가진 한어에서 차용한 것으로 한국어에서는 다른 뜻을 지닌 단어들이다. 이 단어들을 '끝내다'나 '항상'이라는 의미로 사용할 때 이를 단번에 알아들을 한국인이 과연 얼마나 될까? 이는 조선족 언어에 한어 단어가 이식된 대표적인 경우에 속한다. 그리고 아내를 가리켜 흔히 애인愛人이라고 하는데, 이 또한 아내를 '아이런愛人'이라고 부르는 한어의 영향 때문이다. 민족 언어 속에 한어 단어나 어구를 섞어 쓰는 일이 일상화되었기 때문에 한국인들은 조선족의 언어에 대해 혼란스러움을 느끼거나 의미를 이해하지 못해 당황해 한다.

이와 같이 한어에서 채택한 단어가 많은 반면에 컴퓨터나 텔레비전, 핸드폰, 심지어는 중국 대륙을 휩쓴 사스란 용어처럼 현대 한국어(특히 한국어의 외래어)에서 채택된 단어들도 적지 않다. 이런 영향으로 조선족 언어 속에는 외래어가 많이 등장한다.

앞으로도 신생 단어들이 계속 생겨나 한국어나 한어에서 선택적으로 채택할 것으로 전망되는데, 민족 동질성 측면에서 보자면 한국어 채택이 바람직하다고 하겠다. 그러나 조선족 자신들의 언어 생활 편리성이란 측면에서 보면 한어 채택이 여러 모로 유리하다.

한어의 영향은 어순을 변형시키기도 한다. 흡연금지吸煙禁止를 한어의 어순처럼 '금지흡연'이라고 표기하는가 하면, 가게마다 붙어 있는 '환영광림還迎光臨'이란 말도 마찬가지로 어순이 한어식이다.

이 정도의 이질성이라면 중국에서 생활하는 조선족의 입장에서는 불가피할 수도 있고 이해가 가지 않는 부분도 아니다. 조선족의 언어에서 가장 염려스런 점은 존칭어가 많이 사라지고 있다는 사실이다. 한어에는 존칭어 표현이 거의 없다 보니 이러한 언어 습관이 민족어를 사용할 때에도 그대로 나타난다. 한국인들이 조선족과 대화를 하고 나서 불쾌해 하거나 당혹스런 반응을 보일 때가 있는데 이는 언어 습관을 잘 모르기 때문이다.

한국인과 조선족이 앞으로 더욱 빈번하게 왕래하고 상호 이해도가 높아지면 이러한 오해는 자연스레 해소되겠지만, 한국어의 정수라 할 수 있는 존칭어가 등한시되는 것은 예사 문제가 아닐 수 없다.

한때 조선족 사회에서는 그들의 언어 속에 들어 있는 한어를 씻어내자는 민족어 순결 운동을 전개하기도 하였다. 지금도 이러한 생각을 가진 사람이 없지 않다. 그 뜻은 높고 지순하기 짝이 없다. 그러나 우리는 조선족 소학교에서 고등학교까지의 어문 시간이 한족 학교에 비해 한 개 학년의 수업 시간과 맞먹는 천여 시간이 더 많다는 한 조사 결과(정신철, 107쪽) 앞에서 과연 이 목소리에 응당 동조해야 할지 사뭇 주저하게 된다.

중국 땅에서 살려면 마땅히 한어를 해야 하고 민족어도 당연히 해야 하는 대중들의 부담을 무시해서는 안 된다. 이를 아는 처지라면 순수한 민족어만 사용하자고 고집하는 것은 너무 가혹한 일이다. 따라서 민족어 순결 운동을 적극 지지하기가 현실적으로 어렵다. 오히려 고난의 이주 역사에서도 민족어를 이 정도까지 보존한 민족정신과 지금도 노력을 게을리 하지 않는 그들에게 찬사를 보내는 것이 마땅하다.

4. 조선족의 음식

내 나이가 벌써 40대 초반. 세 살 때 한국을 떠나 온 이후 아직까지 한국을 가 본 적이 없다. 부모님을 따라 홍콩에서 어린 시절을 보냈고 10대 후반에 이곳 프랑스 낭뜨로 이사 왔다. 그런 만큼 나에게 모국은 아무런 이미지로도 남아 있지 않다. 그렇지만 내가 잊지 않는 것이 있다. 내가 여러분 앞에 내놓은 이 삼계탕 요리와 김치가 그것이다. 나의 부모님이 외국에서 해 드시던 이 요리를 지금껏 기억하고 있다. 특히 내가 어떤 존재인지 회의가 들 때면 그날은 어김없이 삼계탕을 해 먹는 날이라고 보면 된다.

예전에 프랑스에 출장 갔을 때 우연히 소개받은 음식점의 40대 여주인으로부터 들은 이야기이다. 왜 이 이야기를 장황하게 인용했느냐면 음식과 민족은 불가분의 관계에 있음을 다시 한번 인식할 수 있는 대목이었기 때문이다. 비록 그녀가 요리한 삼계탕이란 우리 한국인이 먹는 그런 맛과는 거리가 멀었지만, 그 여인은 스스로 요리할 수 있는 한국 음식을 통해 자신의 정체성을 확인하는 것 같았다.

그렇다면 한 세기가 넘는 이주 역사를 가진 조선족 사회에서 그들은 지금 어떤 음식을 먹고 있는가? 흔히 한민족의 대표적인 음식으로 김치와 된장을 든다. 한국에서는 이 음식을 좋아하지 않던 사람도 한국을 떠나 있어서 한동안 먹지 못하는 경우에는 그리워할 정도로 우리 민족과는 불가분의 관계에 있다.

조선족도 생활 터전은 중국으로 옮겼으나 언어와 함께 그들이 즐겨 먹는 음식은 대대로 이어져 왔다. 평소 식단에는 밥과 국, 반찬이 차려지며 반찬 가운데는 김치와 된장이 빠지지 않는다. 연길 시내 최대 재래 시장인 서西 시장에는 된장을 파는 부식 가게가 많으며, 음식점에는 일반 된장, 청국장, 섞장, 오누이장 등 갖가지 종류의 된장을 맛볼 수 있다.

또 조선족들이 즐겨 먹는 전통 음식 가운데 개고기와 냉면을 빼놓을 수 없다. 한반도의 민족 주류들과 마찬가지로 조선족도 복날에 일반적으로 개고기를 먹는 풍습이 있다. "삼복철 개장은 인삼보다도 낫다."는 말이 전해 내려올 만큼 무더운 날에 개고기를 먹으면 보신을 한다고 여겼다. 지금은 특별히 절기에 상관없이 평소에도 남녀노소 가리지 않고 개고기를 즐긴다. 연길 시내 서 시장, 수상 시장에는 개를 잡아 통째로 팔며, 시내에는 개고기 음식점이 밀집해 있는 고

오로오지에(개고기 거리)라는 이름의 거리도 있다. 연변 지역 한족들
도 조선족의 영향을 받아 개고기를 먹지 못하는 사람이 드물 정도로
보편화되었다.

냉면 또한 조선족의 전통 음식에서 이제는 연변 지역이 자랑하는
특미로 변했다. 냉면은 메밀가루, 밀가루, 감자 전분을 적당한 비율
로 섞어 만든 면에다 소고기나 닭고기를 삶아 만든 육수를 붓는다.
여기에 참기름과 고춧가루 등 양념을 넣고 계란, 사과, 배를 얹어 입
맛을 돋운다. 옛날에는 정월 초나흗날 점심에 냉면을 먹는 습관이
있었는데, 이날 먹으면 백세까지 산다고 해서 장수 국수라 부르기도
했다. 지금은 일 년 사시사철 즐겨 먹는다.

민족 음식 판매하는 재래 시장 연길 시내 최대 재래 시장인 서西 시장에는 된장을 파는 부식 가
게가 많으며, 음식점에는 일반 된장, 청국장, 석장, 오누이장 등 갖가지 종류의 된장을 맛볼 수 있다.

연길 시내에는 진달래 냉면, 연길 냉면, 삼천리 냉면 등 이름난 냉면 가게가 많다. 이런 음식점에는 손님들의 발길이 끊어지지 않는다. 혹시 연길을 여행하면 그곳에 들러 한 번쯤 냉면 맛을 보는 것도 괜찮다. 저렴하면서도 엄청난 양, 그러면서도 입맛을 돋우는 것이 한국 냉면보다 훨씬 낫다. 조선족의 고유 음식이던 냉면은 중국의 보편적인 음식으로 자리 잡았다. 조선족들이 동북 지방의 큰 도시는 물론이고 북경, 천진, 상해 등의 대도시로 진출해 냉면 가게를 차려 중국인 애호가들을 끌어들인다.

한국에서는 이미 사라진 전통 음식도 아직까지 맥이 이어지고 있다. 필자는 연변 체류 당시 한 음식점에 초대받은 적이 있었는데, 찹쌀 피에다 만두 속을 넣어 마치 만두와 송편을 합친 듯한 입쌀밴새라는 음식을 처음 접했다. 이 생소한 음식을 보고 주인에게 도대체 조선족 음식이냐 한족 음식이냐고 되물은 기억이 난다. 주인은 우리 전통 음식도 모르느냐는 듯 의아한 표정을 지었지만, 그때 그 맛은 지금도 잊혀지지 않는다.

조선족들은 민족 문화 영토인 연변 지역에서 끼니마다 이런 풍성한 민족 음식을 먹어서 그런지 한족 음식을 제대로 먹지 못하는 사람이 의외로 많다. 한번은 조선족, 한족들과 섞여 보름간의 일정으로 단체 여행을 한 적이 있었다. 여행단의 인적 구성이 그렇다 보니 자연히 준비된 식사는 매 끼니마다 한족식 음식이었다. 그런데 사흘 만에 더 이상 먹지 못하겠다며 손을 든 이가 있었으니 다름 아닌 조선족 고등학생이었다.

조선족 음식도 그들이 사용하는 언어와 마찬가지로 한족 음식의 영향을 받고 있다. 다민족 공동 사회에서 음식만 고립된 섬으로 남겨 두지 않는 법이다. 이민족과의 교류를 통해 음식의 맛과 조리 방법도 뒤섞이기 마련이다.

한국 음식에 비해 단맛을 많이 내거나 중국의 냄새라고 할 수 있는 시앙차이(香菜, 우리말로 고수풀)를 듬뿍 넣어서 이게 과연 조선족 음식인지 한족 음식인지 분간하기 어려운 경우가 적지 않다. 채소를 주로 삶아 나물을 해 먹는 조리 방식과는 달리 기름에 볶아 먹는 방식도 한족 음식인 차오차이의 영향이다.

또 밀가루로 만든 한족 음식이 습관화되어 가고 있으며 한족 풍습을 본받아 점심 식사를 중시하는 쪽으로 변하고 있다.(주필 조룡호·박문일, 966쪽) 정월 초하루에 물만두를 먹고 정월 보름에는 웬쇼를 먹으며 청명에는 삶은 계란과 쩡즈를 먹는 것도 한족 음식 풍습을 닮은 것이다.

5. 조선족의 정체성

민족 주류가 생활하는 본거지를 떠나 이국에서 소수 민족으로 살아가는 사람들에게는 본국 사람들이 헤아리지 못하는 고충이 있게 마련이다. 평소에는 스스로를 거주 국가에 소속된 일원으로 생각하다가도 결정적 순간에 그 국가의 주류 민족이 아니라는 사실을 자각한다. 혹은 자신을 모국의 민족 주류와 동일하다고 여기다가도 어느 순간 모국 사람과 다르다는 것을 깨닫게 된다. 여기에도 저기에도 속하지 못하는 경계인으로 스스로 자리매김하면서 그들은 숱한 날들을 번민하고 갈등과 혼란 속에 밤을 지샌다.

"나는 누구인가?" 하는 '정체성의 혼란'은 소수 민족이 공통적으로 경험하는 딜레마이다. 특히 청소년기에 심한 혼란을 겪게 되는데, 자칫 슬기롭게 넘기지 못해 심한 좌절감에 빠지는 경우가 없지 않다. 물론 거주 국가의 소수 민족 정책에 따라 정도의 차이는 있다.

중국에 사는 조선족은 어떠한가? 조선족은 민족적으로는 한반도에 생활 기반을 둔 민족 주류와 동일하지만, 국적상으로는 중국의 인민인 엄연한 중국인이다. 이들은 조선족으로서의 자신과 중국인으로서의 자신을 동일시하지 못할 때 심한 정체성의 위기를 느끼게된다. 특히 사회 생활을 하면서 겪는 모순과 갈등은 이런 의식을 더욱 심화시킨다. 그들은 한족 문화에 겹겹이 포위되어 있고 한족 문화에 적응하지 않으면 생활할 수 없으므로 한족 문화에 적응하기 위해 부단히 노력한다. 그러면서도 한편으로는 어느 누구든 자기 민족 문화가 소멸되는 것을 원하지 않기 때문에 민족 문화를 보전하고 발전시키기 위해 전력을 기울인다. 모순처럼 보이는 이러한 행위에 혼란을 느끼는 이들이 많다.

이러한 일반적인 문제에도 불구하고 조선족은 다행히 미국이나 일본, 러시아 등 중국 이외 다른 나라에 사는 우리 민족에 비해 정체성에 대한 혼란이 덜한 것 같다. 그 이유가 무엇일까? 우선 중국 대륙에는 주류 민족인 한족 이외에도 55개나 되는 소수 민족이 존재하며, 조선족의 경우는 외형적 특성이 주류 민족과 거의 비슷하기 때문이다. 또한 중국 당국의 소수 민족 정책이 비교적 개방적이어서 주류 민족과 차별성을 덜 느끼며 조선족의 절반 정도가 집단 거주지에서 생활하는 것도 이유이다.

그러나 분명한 것은 중국 조선족이라는 소수 민족의 내면에는 개인에 따라 강도의 차이는 있으나 민족성과 국가성의 두 갈등적 요인이 잠재되어 있다는 사실이다. 이를 중심으로 조선족의 정체성을 살펴보기로 하자.

(1) 한민족으로서의 민족성

조선족은 이주 역사가 한 세기 반에 가깝고, 그 기간 동안 중국 주류 민족의 영향을 끊임없이 받아 왔기 때문에 그들이 향유하는 문화는 한반도의 민족 주류 문화와 여러 측면에서 다르다. 그들이 누리는 문화의 성격뿐만 아니라 소속 국가도 다르므로 당연히 국가 관념이나 애국 감정도 다를 수밖에 없다.

그럼에도 불구하고 중국 조선족은 역사적으로 형성된 한민족의 기본 특성을 여전히 지니고 있어 민족 주류인 한국인이나 '조선' 사람과 닮은 점이 많다. 예를 들어 조선족은 중국의 56개 민족 가운데 술과 가무를 가장 좋아하는 민족으로 널리 알려져 있는데, 이 점은 신기하게도 한반도의 민족 주류와 같다. 대대로 교육을 중시하는 점도 마찬가지이다. 허례허식 같은 나쁜 습성마저도 닮았다. 조선족은 한반도의 민족 주류와 같은 민족으로서 공통된 민족 특성을 지니고 있을 뿐 아니라 현실적으로도 아직까지 모국의 친인척과 교류를 하는 이들이 많다.

이 때문에 중국 인민으로서의 국가 의식보다는 민족성을 더 중시하는 조선족들이 있다. 많이 배운 지식인들만이 민족의식이 강한 것이 아니다. 한번은 연길 시내에서 택시를 타고 가다가 조선족 기사로부터 이런 이야기를 들은 적이 있다. 너무나 뜻밖의 얘기를 들어서인지 그때의 기억이 아직도 선명하다.

중국의 동북 3성은 옛날 한때 우리 민족의 땅이었다. 우리 민족이 이 광대한 땅을 갖고 분단되지 않은 통일 국가를 가졌다면 틀림없이 세계 강국이 되었을 것이다. 남의 땅에 사는 우리로서는 정말 애통한 일이 아닐 수 없다. 화가 치밀어 오를 때가 많다.

학교에서도 배우지 못한 민족 역사를 민족사관에 입각해 당당하게 말하는 그 조선족 기사를 보노라니 정말 감탄스럽기 짝이 없었다. 그러면서 그는 중국 땅에서 소수 민족으로 살아가는 비애를 주섬주섬 말하였다.

조선족 자치주인 연변에서조차도 정치적 요직은 대부분 한족이 차지하고, 조선족 관리는 사실상 실권이 없는 한직을 맴돈다고 불평을 늘어놓았다. 사실 중국은 모든 민족이 평등하다고 하나, 그렇지 못한 것이 어쩔 수 없는 현실이다.

　이런 생각을 갖고 있는 조선족들에게는 불행히도 공통적으로 나타나는 부정적 현상이 있다. 중국을 은연중에 남의 나라라고 여기거나 어쩔 수 없이 살아갈 수밖에 없는 나라로 간주한다는 점이다. 그들의 심리 이면에는 광활한 중국 대륙의 주인은 한족이며 자신들은 중국 사회의 마이너리티(minority) 혹은 아웃사이더(out-sider)라는 인식이 자리 잡고 있다. 따라서 그들은 일찍부터 중국 주류 사회로 편입하려는 노력을 포기한다.

　중국과 조선이 밀접한 관계에 있을 때는 조선에 심정적으로 기울었고 어느 날 갑자기 그들 앞에 한국이 다가왔을 때에는 한국에 유달리 호감을 가진 이들이 주로 이러한 부류에 속한다. 그들의 마음 한 구석에는 언제나 모국이 존재한다. 실현 가능성은 희박하지만 현실 세계의 도피처로 모국을 생각한다. 모국이 있다는 사실은 여러 민족의 틈바구니에서 살아가는 조선족들에게, 특히 민족의식이 강한 이들에게는 자부심의 원천이다. 언제든지 갈증을 해소해 주는 샘과 같은 존재가 모국이다. 모국의 발전상은 이들을 흥분시키며 모국의 어려움은 이들에게도 마음의 상처가 된다.

　이런 민족성을 지닌 조선족이 존재할 수 있었던 것은 역설적으로 중국 당국의 개방적인 소수 민족 정책, 특히 그 정책의 하나인 민족 구역 자치에 기인하는 바가 크다. 조선족은 중국의 55개 소수 민족 가운데 17개 민족만이 갖고 있는 자치주 이상의 자치 구역을 갖고 있다. 지금도 조선족의 절반 정도가 민족 자치 구역에서 집단적으로 거주한다. 그곳에서 공식적인 제도권 교육과 동일 민족간의 상호 교류를 통해 민족 문화를 유지, 전승할 수 있었기 때문에 강한 민족성을 배양할 수 있었다.

중국에는 중국 국경 밖에 독립된 나라를 갖고 있는 민족과 동일한 소수 민족이 조선족 이외에도 몽골족, 러시아족, 카자흐족, 끼르끼즈족, 따지크족, 우즈베크족, 진족(베트남), 타이족 등 8개가 있다.(황유복, 206쪽) 이들 민족은 다른 소수 민족과 달리 항상 중국 정부의 관심권에 있기 마련이다. 중국 정부로서는 자국 국민이 외국과-비록 소수 민족의 입장에서는 동일 민족의 국가이지만-어떤 연계를 갖는지 유심히 살피지 않을 수 없기 때문이다.

하물며 민족성이 도드라지게 나타나는 소수 민족에 대해서는 중국 정부도 현실적으로 여간 신경이 쓰이지 않을 것이다. 특히 조선족이 그런 성향을 보일 경우 더욱 민감하다. 집단적으로 거주하는 연변 조선족 자치주나 동북 지방은 조선족의 모국인 한반도와 인접해 있기 때문이다. 또한 한반도에는 조선족들이 여전히 교류하는 혈연관계에 있는 사람들이 많다. 중국 정부 입장에서는 간과하기 어려운 점이다. 민족성이 강한 이들을 통해 조선족들이 배타적 민족 감정을 갖게 되고 이로 인해 중국 인민으로서의 국가성이 약화되지 않을까 우려한다.

과거 중국이 한국과 적대적 관계에 있었고 한때 조선을 수정주의라고 비난하였을 때 조선족은 모국이 없는 중국의 다른 자생 민족보다도 중앙정부의 신임을 받지 못하였다. 뿐만 아니라 여러 차례 진행된 정치 운동에서도 심한 피해를 당했는데, 특히 문화 대혁명 시기에는 수많은 조선족이 조선 특무, 외국 간첩이란 누명을 쓰고 큰 재난을 당한 것도 조선족에게 모국이 있다는 선입견에서 비롯된 것이다.(정신철, 114쪽) 모국에 지나치게 경도된 성향을 보이거나 모국과 소속 국가와의 관계가 원만하지 못할 경우에 주류 민족의 오해를 불러일으키기 쉽다.

실제로 요즘 들어서 조선족이 한국과 가까워지고 교류가 빈번해지자 조선족에 대한 중국 정부의 신임이 그 이전보다 떨어지고 강한 경계심을 갖는다고 한다. 조선족 스스로도 "마치 스스로가 한국인인 것처럼 행동하는 조선족이 많다."며 한국과의 지나친 유대 의식을 걱정하고 경계하는 목소리를 내고 있다. 과거의 악몽이 재현되지 않을까 두려하여 일종의 자기 방어기제를 발동한 셈이다.

중국은 공식적으로 민족간의 평등을 천명하고 있다. 그래서 이 땅에서 살면서 아무런 차별이나 불편을 겪지 않고 사는 듯이 보일 것이다. 하지만 실상을 들여다보면 그렇지 않다. 곳곳에서 차별과 견제를 느낀다. 특히 한족들과 대화를 할 때에는 많은 주의를 한다. 혹시 내가 뱉은 말 한 마디 한 마디가 뜻하지 않은 오해를 불러일으키지 않을까 겁이 나기 때문이다.

조선족들의 이런 걱정은 터무니없는 것이 아니다. 민족 주류가 거주하는 한반도를 떠나 이민족이 주류를 이루는 중국 대륙에 정착한

사람들의 후예로서 느끼는 단순한 콤플렉스도 아니다. 중국 대륙의
소수 민족이므로 현실적으로 중국 정부의 경계에서 벗어나기 어렵
고 그만큼 운신의 폭도 좁을 수밖에 없다. 그것은 이주 민족으로서
영원히 짊어져야 할 숙명인지 모른다.

(2) 중국인으로서의 조선족

이주 민족의 내면에는 민족 주류와 동일한 특성에서 유발된 심리
적 유대감이 있는가 하면 소속되어 있는 국가 의식도 함께 존재한
다. 두 측면을 놓고 누구는 어떻고 누구는 어떻다는 식으로 양분하
기는 어렵지만, 대체로 민족성보다 국가 의식이 강하게 나타나는 사
람들을 많이 보게 된다. 한반도에 거주하는 민족 주류와는 달리 중
국에 소속된 사람들로서 한국인도 조선인도 아닌 중국인이라는 인
식이 강한 사람들이 그런 이들이다.

한국인들이 조선족들에게 흔히 던지는 질문이 있다. 한국과 중국
이 축구 경기를 할 경우 어느 나라를 응원하느냐는 것이다. 어떤 대
답이 나올지 뻔히 아는 한국인이라면 조선족이 난처해 할 그런 질문
을 하지 않겠지만, 그것을 잘 모르는 한국인들은 만나는 조선족마다
이런 질문을 던진다. 필자도 연길 시내에 거주하던 초창기 어떤 조
선족 여성에게 그런 질문을 한 적이 있었다. 그녀는 다음과 같이 대
답하였다.

한국과 중국이 축구 경기를 한다고 하면 중국에서는 난리가 난다. 더욱이 요즘 중국에서는 축구가 인기 스포츠 종목이니 더 말할 나위가 없다. 그럴 경우 우리 조선족은 과연 어느 나라를 응원할 것인가? 한국이 이기기를 바라는 조선족도 있겠지만 내 생각으로는 대부분의 조선족은 중국을 응원할 것이다. 이는 한국인들이 한국이 이기기를 바라는 것과 마찬가지이다. 왜냐하면 내 나라는 바로 중국이기 때문이다. 한국은 모국일 뿐이지 직접적인 내 나라가 아니지 않은가? 자기 나라가 승리하기를 바라는 것은 누구나 같은 마음이다.

한번은 조선족 대학생들과 함께 한·중 축구 대항전을 시청한 적이 있었는데 중국 팀에 대한 그들의 광적인 응원에 두 손을 들고 말았다. 그렇게 압도적으로 중국을 응원할 줄은 미처 몰랐던 것이다. 그때의 TV 시청은 조선족의 존재를 보다 명확하게 인식하는 계기가 되었다.

이런 사람들이 민족성보다는 국가 의식이 강하게 나타나는 경우이다. 오늘날 대부분의 중국 조선족들은 중국 인민이라는 사실에 강한 자부심을 갖는다. 이들은 '우리나라(중국)'가 미국이나 일본처럼 잘 살아야 모국에 가서도 푸대접을 받지 않는다는 말을 종종 한다.

일반적으로 중국 조선족들은 미국이나 일본 등 다른 나라에 이주한 우리 민족에 비해서 거주 국가에 대한 충성도가 높은 것으로 평가된다. 이런 성향이 나타나는 것은 두 가지 측면에서 연유한다. 하나는 중국 정부의 호의적인 소수 민족 정책이고, 다른 하나는 중국에 대한 조선족의 호의적 감정이다. 두 요인이 상호 작용하면서 상승 작용을 가져 온 것이다.

(중국 정부의) 호의적 소수 민족 정책	
	⟶ 국가성의 강화
(조선족의) 중국 건국에 대한 기여	

중국 정부는 소수 민족에 대해 호의적인 정책을 취해 그들 스스로가 중국에 친밀감을 갖도록 하였다. 지금의 중화인민공화국 정부는 건국 이전부터 소수 민족에 대해 진보적이고 개방적인 정책을 채택하였다. 중국공산당은 1922년 제2차 전국 대표 대회에서 민족 강령을 제정해 '국제 제국주의의 압박을 뒤엎고 중화 민족의 완전한 독립을 달성하며, 각 민족이 평등한 연방 공화국을 건립할 것'을 주장했다. 또 1928년의 제6차 전국 대표 회의에서는 민족 자결권을 승인하는 구호를 제출하는 등 각 시기마다 소수 민족에 대한 정책을 보완해 왔다.(정신철, 32쪽)

소수 민족을 중화 민족으로 인정하고 그 지위를 분명히 보장한 중국 공산당은 항일 전쟁과 국민당과의 항전에서 소수 민족들의 절대적인 지지를 받아 승리하였다. 1949년 신중국 체제의 골격을 담은 〈정치 협상 강령〉이나 1954년에 마련된 헌법에도 민족 평등의 원칙이 존중되고 있다. 모든 민족 차별과 민족 분열을 금지하고 민족들 사이에 상호 존중과 협조를 강조하고 있는 것이다.(강위원, 77쪽)

그리고 국가 관념이 희박하던 조선족들이 1950년대 후반에 광풍처럼 휘몰아친 민족 정풍 문제로 인해 국가 의식을 새롭게 가다듬지 않으면 안 되었다. 중국만이 조국이고 중국 이외의 조국은 없으며, 중국이 조국인 이상 조선족도 중국인이라는 가르침을 받으면서 중국인이라는 국가 의식이 강화되었다. 조선족은 이주 민족이라는 특성 때문에 그 지위를 둘러싼 논란이 한동안 계속되었지만, 소수 민족의 하나로 당당히 승인된 뒤에는 중국 인민으로서 조선족의 지위도 더 한층 제고되었다.

다른 하나는 조선족 스스로가 힘을 보태 건국한 중화인민공화국에 애정을 갖고 있기 때문이다. 이민 초기부터 다른 여러 민족과 함께 중국의 강토를 개척하고 경제를 발전시키며 일본 제국주의 등 국내외 적대 세력에 대항하였다. 따지고 보면 연변 지역 향촌에 있는 6백여 개의 열사 기념탑이 잘 말해 주듯이 조선족은 중화인민공화국 건국에 기여한 공로가 만만치 않다. 항일투쟁과 국민당과의 싸움에서 한족들 못지 않게, 아니 한족들 스스로가 감탄할 정도로 용감하게 항전을 펼쳤다. 그리하여 공동의 나라-중화인민공화국을 건설하면서 중국 공산당과 강한 친화력을 형성하였고 점차 중국 소수 민족의 하나로서 주인공의 지위를 얻게 되었다. 이런 역사 과정에서 중국을 자기 삶의 유일한 고장으로 여기게 되었고 또 자기의 운명과 중국의 운명을 함께 놓고 생각하게 되었다.(정판룡①, 203~204쪽)

이런 관계로 조선족들은 중국 땅의 주인이라고 여기며 중국에서 영주할 생각을 가졌다. 광복 이전 중국에서 겪어 온 민족 차별과 일제의 강제 동화 정책을 생생하게 기억하면서 현재 중국에서 누리고 있는 동등한 사회적 지위를 긍정적으로 인식하고 있으므로(황유복, 2쪽) 모국이 있는 소수 민족임에도 불구하고 중국 인민으로서의 국가 의식이 강하다.

이들은 이미 1950년대 초부터 탈조선(모국)적인 중국 조선족의 정체성을 확립했다는 견해가 지배적이다.

조선족들에게 '우리나라'란 곧 중국이다. 집단 거주 지역과 인접한 곳에 두 개의 모국이 있지만, 중국을 자연스럽게 우리나라라고 부르며 한국이나 조선에 대해서는 거리를 두고 객관적으로 지칭한다. 이는 정판룡 선생의 지적처럼 조선족 대다수가 살기 위해 중국으로 흘러 들어온 이민들로서 자신들을 마치 부모님 슬하를 떠나 중국으로 시집간 딸로 생각하는 처지이기 때문에 의도적으로 그렇게 하지 않을 수 없었는지 모른다. 그들은 중국으로 시집온 이상 중국 남편과 시부모를 잘 모셔야 하고 친정집과는 좀 거리를 두어야 하며 또 우선 시집의 가법을 잘 지켜야 한다고 여긴다.(정판룡①, 271쪽)

적어도 모국에 미련을 가졌던 1세대나 그 밑 세대들은 한족들의 눈치를 보며 의도적이고 작위적으로 그렇게 생각을 했을 것이다. 그러나 지금의 젊은 세대나 학생들은 학교 교육을 통해 자연스레 국가 의식이 형성되었다고 할 수 있다. 따라서 젊은 세대일수록 중국 인민으로서의 국가 의식이 보다 강하다. 그들은 자신이 왜 중국인이냐 하는 고민 없이 중국인인 현실을 그대로 수용한다.

제2장 조선족의 집단 거주 지역

　2백만 명도 되지 않는 조선족이 오늘날까지 중국 대륙에서 민족성을 보존·유지하고 있는 것은 민족 구역 자치 제도의 영향이 크다. 적어도 민족 자치 구역에서 생활하는 조선족들은 제도권 학교인 조선족 학교에서 같은 민족의 친구들과 함께 동족의 선생님으로부터 민족어로 교육을 받는다. 일상 생활 언어는 물론이고 공용어도 민족어를 사용한다. 그들은 같은 민족과 더불어 생활하면서 민족의 풍습과 문화를 보존할 수 있었다. 민족 자치가 시행된 구역은 조선족의 문화 영토나 다름없었기 때문에 민족 구역 자치 제도가 민족성을 보존하는 데 지대한 역할을 하였다.

　만약에 조선족이 민족 구역 자치의 혜택을 받지 못했더라면 사정이 완전히 달라졌을 것이다. 우리 말과 글은 물론이고 민족 풍습마저 상실했을지 모른다. 이처럼 민족성 보존에 절대적 역할을 한 민족 구역 자치를 이주 민족인 조선족이 어떻게 시행할 수 있었을까? 그 과정을 거슬러 가 보자.

1. 조선족 자치주의 성립

연변 조선족 자치주라는 이름에서 보는 바와 같이 중국에는 여러 개의 민족 자치구, 자치주가 있다. 따라서 연변 조선족 자치주를 올바로 이해하기 위해서는 먼저 중국의 자치구, 자치주에 대한 일반적인 이해가 선행되어야 한다.

지금의 중국은 다른 어떤 나라에 비해서도 개방적이고 진보적이며 특징적인 소수 민족 정책을 펴고 있다. 그러한 정책은 중화인민공화국이 들어서기 이전 중국 공산당 시기부터 거슬러 올라간다. 공산당은 국민당과의 해방 전쟁에서 소수 민족을 우군으로 끌어들이기 위해 소수 민족에 대해 우호적인 정책을 펴면서 일찍부터 각 민족의 다양성과 특수성을 인정하였다. 민족 평등, 민족 단결, 민족 공동 번영은 중국 공산당과 중국 정부가 일관되게 견지하는 민족정책의 총체적인 원칙이다. 현행 중화인민공화국 헌법 제1장 4조에는 중화인민공화국의 각 민족은 일률적으로 평등하고 어떤 민족에 대한 차별과 압박도 금지하며 민족 단결을 파괴하고 민족 분열을 조장하는 행위를 금지한다고 명확하게 규정한다. 이러한 정책의 일단이 소수 민족 구역 자치로 나타났다.

1949년 9월 '중국인민 정치협상회의 제1차 전체회의'는 민족 구역 자치의 실시 근거가 되는 〈중국인민 정치협상회의 공동강령〉을 통과시켰다. 제51조에는 "각 소수 민족이 거주하는 지역에서는 반드시 민족 구역 자치를 실시하여야 하며 거주 민족의 인구 수와 지역의 크기에 따라 각종 민족 자치 기관을 건립한다. 각 민족이 섞여 사는 지방 및 민족 자치구 내에서는 각 민족이 해당 지역 정권 기관 중 일정한 비율의 대표를 차지한다."고 명시되어 있다. 1952년 8월 9일 정무원 회의에서는 아래 내용의 〈중화인민공화국 민족구역자치 실시요강〉을 비준하였다.

　　　각 민족 자치구는 중화인민공화국 영토와 떨어질 수 없는 일부분이다. 그 자치 기관은 중화 인민 정부의 통일된 영도하에 있는 일급 지방 정권으로서 상급 인민 정부의 영도를 받는다.

　모택동 주석이 서명하여 반포함으로써 소수 민족 지구에서 민족 구역 자치를 실시하기 위한 구체적인 정책이 제정된 것이다.(연변조선족자치주 개황 집필소조, 129쪽) 이러한 과정을 거쳐 시행된 민족 구역 자치는 소수 민족이 국가의 통일된 지도하에 거주 지방에서 자치 기관을 설립하고 자치권을 행사하는 제도를 뜻한다. 제도의 본질은 통일된 다민족 국가의 일정한 지역에 거주하는 소수 민족에게 각 민족 내부의 지방성 사무를 관리하는 권리를 부여하고 소수 민족의 평등한 지위를 보장하며, 그들의 적극성을 충분히 발휘하게 하여 민족 발전과 번영을 촉진시키고 국가의 통일과 민족 단결을 공고히 하는 데 있다.(황유복, 247쪽) 이는 중국이 국내 민족 문제를 해결하기 위해 고안한 정치 제도로서 세계 다민족 국가 가운데 중국만이 유일하게 실시하는 특징적인 제도이다.

일부에서는 한족에 대한 소수 민족의 적개심을 무마시켜서 독립 의지를 꺾으려는 일종의 우매화 정책이라고 비난을 한다. 반면에 다른 일부에서는 중국이 그만큼 소수 민족을 우대하며 주인의 일원으로 당당하게 받아들이는 증거이고 그들의 민족 정체성을 존중해 주는 상징으로 높이 평가한다. 중국은 정책적으로 한족과 55개 소수 민족이 다 함께 하는 발전을 지원하며 그러기 위한 제도가 민족 구역 자치라는 주장이다.

현재 중국에는 5개의 자치구(성급)와 30개의 자치주(지구급), 그리고 124개의 자치현 등 모두 159개의 민족 자치 지방이 있다. 55개 소수 민족 가운데 44개 소수 민족이 민족 구역 자치를 실시하며 인구는 소수 민족 총인구의 83%, 면적은 중국 전체의 63.4%를 차지한다.(김병호·강기주, 97쪽)

조선족도 2개의 자치 지방을 갖고 있다. 하나는 중화인민공화국이 건국된 이후 세 번째로 설립된 민족 자치 구역인 연변조선족자치주이며, 다른 하나는 이보다 급이 낮은 길림성 장백 조선족 자치현이다. 또한 민족 자치 지방은 아니지만, 민족 구역 자치 제도를 보충하기 위해 소수 민족이 거주하는 구역을 기초로 비자치성을 띤 민족 향·진을 두고 있는데, 조선족 향·진은 중국 동북 삼성 일대에 43개가 있다.

그러면 연변 조선족 자치주는 어떤 과정을 거쳐 건립되었을까?

1952년 7월 중공연변지위中共延邊地委는 〈길림성 연변 조선족 집거구 실시 구역 자치 계획〉을 작성하였다. 같은 해 8월 24일 동북 인민 정부의 허가를 받아 8월 29일 〈연변 각 민족 각 계층 제1기 인민 대표회의〉를 연길시에서 개최하였다. 이 회의에 참석한 대표들은 조선족이 전체의 69.7%인 209명, 한족 대표가 79명, 기타 소수 민족 대표가 12명 등 모두 3백 명이었다. 여기에서 통과된 내용은 다음과 같다.(김병호·오상순, 78쪽)

첫째, 길림성 연변 조선민족 자치구의 성립을 인가·통과시켰으며, 중공연변지위 서기인 주덕해의 '길림성 연변 조선민족 자치주 인민 정부 시정 건의' 보고를 통과시켰다. 둘째, 주덕해를 자치구 인민정부 주석으로, 동옥곤(한족), 최채(조선족)를 부주석으로 선출하고 32명의 정부 위원을 선출하였다. 정부 내에 14개 처를 설치하고 그 중 11개 처의 주요 책임자를 조선족이 맡도록 했다.

이렇게 민족 자치구를 건립하기 위한 모든 준비와 행정적·법률적 인가 절차를 마무리한 뒤 1952년 9월 3일 연길시에서 연변 조선민족 자치구 성립 대회가 성대하게 열렸다. 중화인민공화국 건국 이래 세 번째 민족 자치 구역인 연변 조선족 자치구가 탄생하는 순간이었다. 이주 민족인 조선족이 중국 인민으로 인정된 데 이어 또다시 자치 정부를 가지는 감격을 맛보게 된 것이다. 이때부터 매년 9월 3일은 조선족을 비롯하여 연변에 거주하는 모든 민족들이 가장 경축하는 명절이 되었다. 이 자치구는 헌법의 개정에 따라 1955년 12월에 자치주로 바뀌어 오늘날까지 이어지고 있다.

그리고 1958년에는 길림성 장백 조선족 자치현이 만들어졌다.

연변 조선족 자치주는 길림성의 한 개 지방 행정 구역이며 자치 지방으로, 자치주 인민 대표 회의와 자치주 인민 정부라는 두 개의 자치 기관을 두고 있다. 주 인민 대표 회의는 자치주의 권력 기관이며 주 인민 정부는 그의 집행 기관이다.(연변조선족자치주 개황 집필소 조, 139쪽) 이들 자치 기관은 헌법과 법률에 규정된 일반적인 지방 국가 정권의 직권을 행사할 뿐 아니라 헌법과 법률에 규정된 권한에 따라 자치 권리를 행사한다. 중국 조선족이 민족 구역 자치를 실시한다는 것은 자기 지역과 자기 민족 내부 사무를 자주적으로 관리하고 스스로 자기 민족을 발전·번영시켜야 한다는 의미이다. 중국에 조선족 사회가 형성된 이후 가장 큰 역사적 의의를 지닌 사건이라 아니할 수 없다.

중국의 역대 정치 지도자들은 대부분 연변을 방문하여 조선족 자치주에 대해 높은 관심을 보여 왔다. 조선족 자치주도 전국 30개 자치주 가운데 유일하게 국무원으로부터 '민족 단결 진보 모범자치주'로, 1994년에는 국가 문화부로부터 '전국 문화 모범 자치주'로 명명받는 등 가장 훌륭한 자치주로 발전하였다.

2. 조선족 자치주의 개황

조선족 자치주인 연변은 연길시와 그 주변 지역을 일컫는 말에서 유래되었다. 역사적으로 고대부터 한반도와 밀접한 관련이 있는 곳으로 고구려와 발해 시기에는 그 영토에 속해 있어서 당시 유적들이 곳곳에 산재해 있다. 일제시대에는 일제가 1909년 청나라와 간도협약을 맺어 영유권을 청나라에 넘겼으나 독립운동가들이 항일운동의 거점으로 삼았기 때문에 여전히 우리 민족의 활동 무대가 되었던 곳이다. 연변은 이처럼 우리 민족의 가슴 속에 늘 아스라이 기억되고 있다.

한편 중국은 이곳을 청조를 세운 만주족의 발흥지로, 중국 소수민족의 활동 공간으로 여겼다. 최근에 와서는 이 지역을 주 무대로 했던 고구려를 자신의 역사에 편입시키려는 '동북공정'을 진행하고 있다. 그런가 하면 일본도 한때 여기에다 만주국이라는 괴뢰정권을 수립해 중국 침략의 병참기지로 만들려고 했다.

이처럼 연변을 포함한 중국 동북 지방은 과거부터 동북아 3국의 이해관계가 얽혀 있어 역사 해석을 둘러싸고 첨예한 갈등을 빚고 있다. 앞으로도 동북아의 화약고로 변할 가능성이 없지 않다. 특히 통일 한반도 국가가 과거 역사를 근거로 영유권을 주장할 경우 적지 않은 파장이 예상된다.

2001년 통계에 의하면 연변의 인구는 2,187,858명이며 그 중에서 조선족은 전체의 38.4%인 840,096명이다. 조선족의 민족 자치가 시행된 집단 거주지이기 때문에 자연히 민족 문화·교육 시설이 집중되어 있다. 그리고 우리 민족의 성산인 백두산이 걸쳐 있고 북녘의 강산이 맞닿아 있다. 훈춘의 방천은 중국과 북한, 러시아 3국이 인접해 우리 한국인에게는 특이한 느낌을 자아내기도 한다.

연변의 면적은 42,700㎢로 길림성 전체의 23.7%를 차지한다. 이는 중국 전체의 0.45%로 경상 남북도와 전라남도를 합친 것보다 더넓다. 동북 3성의 하나인 길림성 동부 지방, 북위 42도에서 44도, 동경 127도에서 131도 사이에 위치하며 동서 길이는 약 306㎞이다. 동쪽으로는 러시아와 232.7㎞, 남쪽으로는 조선과 522.5㎞의 국경선을 맞대고 있다. 서쪽으로는 길림성의 백산시와 길림시, 북쪽으로는 흑룡강성의 목단강시와 인접한다. 조선의 나진항과는 93㎞, 청진항과는 171㎞, 그리고 러시아의 블라디보스톡과는 180㎞의 거리에 있다. 연변은 중국 대륙에서 동해로 나가는 유일한 문호이기 때문에 전략적으로 매우 중요하다.

연변의 지형은 다양하고 복잡하며 지세가 웅장하다. 서쪽이 높고 동쪽이 낮으며 서남, 서북, 동북 3면으로부터 동남으로 경사가 져동남쪽에 위치한 훈춘 방천 일대는 해발 5m밖에 되지 않는 저지대이다. 산지 면적은 3만 2천여㎢로 전 면적의 76%를 차지한다. 산줄기가 구불구불하게 기복을 이루며 험준한 산이 첩첩이 둘러싸여 있다. 산과 산 사이에는 하천이 흐르고 구릉과 골짜기가 울퉁불퉁하게 이어져 있으며 구릉지대는 땅이 비옥하여 농사짓기가 좋다.

북온대 대륙성 계절풍 기후대에 속하여 봄에는 건조하고 바람이 많으며 여름에는 덥고 비가 많다. 가을은 서늘하고 비가 적으며 겨울은 춥고 길다. 동부는 바다와 가깝고 서부와 북부 지방은 높은 산들로 둘러싸여 위도와 해발이 같은 다른 지방에 비해 비교적 겨울 기온이 높고 여름 기온이 낮은 편이다. 연평균 기온은 2~6℃(한국

남부 지방은 12℃)이고 1월의 평균 기온은 영하 11.32~21.6℃이다. 연평균 강수량은 450~700㎜인데 6, 7, 8월 3개월에 일 년 강수량의 60%가 집중한다. 이 기간에는 폭우가 많이 내린다.

특산물은 산삼과 사과배, 송이버섯, 녹용, 웅담을 들 수 있다. 사과배는 연변에서만 생산되는 특산물이다. 둥글고 불그레한 색깔이 사과와 비슷하고, 달고 시원한 맛은 배와 흡사하다. 봄이면 배꽃이 하얀 꽃구름처럼 물결을 이루고 가을이면 탐스러운 열매가 주렁주렁 달린 과수원의 모습은 연변에서만 볼 수 있는 이채로운 풍경이다.

삼림은 자치주의 가장 큰 자원이다. 백두산(장백산) 지구에는 120여 종의 목본 식물이 있는데 그 중에는 홍송, 백송, 가문비나무, 전나무, 장백낙엽송, 적송 등 경제적 가치가 높은 수종이 30여 종에 이른다. 홍송은 나무목이 곧고 목질이 연하여 가공하기 쉬우며 압력에도 잘 견디고 좀처럼 썩지 않는다. 색깔이 곱고 갈라지거나 휘지 않아서 가장 이상적인 경제 수종으로 꼽힌다.

삼림지대에는 500여 종의 약용식물이 있는데 그 중 인삼, 당삼, 황기, 북오미자, 원호, 부채마, 방풍 등 진귀한 약재들이 많다. 느타리버섯, 송이버섯, 검정귀버섯, 개암버섯, 나팔버섯 등 각종 버섯류가 자라고 산나물도 백여 종에 이른다. 그 중에 고사리는 옛날부터 유명하며 지금은 한국으로도 수출된다. 야생 경제 식물은 1,460여 종, 야생 경제 동물은 250여 종에 이른다.

또 금, 아연, 은, 동, 망간 등 금속 광물 40여 종이 매장되어 있으며 석탄 등 비금속 광물도 매장량이 비교적 풍부하다. 우주 탐측에 의하면 연길 분지에는 1억 톤 이상의 석유가 매장되어 있는 것으로 판명되었다. 이처럼 풍부한 자원은 두만강 하류 지역이 본격적으로 개발될 경우 더없이 좋은 요인이 될 것이다.

연변 조선족 자치주는 연길시·훈춘시·용정시·화룡시·도문시·돈화시 등 6개 시와 안도현·왕청현 등 2개 현으로 이루어져 있다. 자치주 내 8개 시·현을 간략하게 살펴보기로 하자.

(1) 연길시

연변 조선족 자치주의 수부首部 도시로서 말 그대로 정치·경제·문화의 중심지인 연길시는 2001년 현재 전체 인구 395,900명 중에서 조선족이 231,300명으로 전체의 58.4%, 한족은 155,900명으로 39.4%를 차지한다. 연길시에는 각종 민족 교육 기관과 출판 기관, 예술 단체가 망라되어 있다. 여기에서 출판되는 우리 글 교과서는 연변뿐만 아니라 중국 전역의 조선족 학교에서 사용되며 조선글 간행물도 전 중국 조선족들에게 배포된다. 연변 대학은 최초의 소수민족 대학으로서 민족 인재를 양성하는 요람이다. 이 대학에서 배출된 조선족 인재들은 각 방면에서 뛰어난 활약을 하고 있다. 고중(고등학교) 과정의 연변 1중은 연변 전역에서 우수한 조선족 중학생들이 지원한다.

연길은 한국뿐만 아니라 북경, 장춘, 심양, 대련 등 중국 국내 주요 도시와 항로가 개설되어 있고 도로와 철도도 비교적 잘 구비되어

있다. 한국에서 투자한 대우 호텔이나 백산 호텔 등 각종 숙박시설
도 충분하기 때문에 관광객들이 불편을 겪지 않아도 된다.

연길은 동쪽과 남쪽, 북쪽이 산으로 둘러싸여 있고 서쪽이 트인
말발굽 형태의 분지를 이룬다. 지세는 북쪽이 높고 남쪽이 낮으며
지형은 구릉 형태로 기복을 이루며 두만강 지류인 부르하통하, 연집
하, 해란강이 흐른다. 대륙성 계절풍 기후의 특징이 뚜렷하며 연평
균 기온은 5.7℃이고 가장 추울 때는 영하 32.7℃까지 내려간다.

700여㎢의 무성한 삼림과 비옥한 초원, 900여 종의 경제 식물과
수십 종의 진귀한 야생 동물이 서식한다. 이처럼 삼림과 광산, 토산
물 등 각종 자원이 풍부하다. 특히 인삼과 사과배, 잎담배의 산지이

연길시 거리 연길은 한국뿐만 아니라 북경, 장춘, 심양, 대련 등 중국 국내 주요 도시와 항로가 개설
되어 있고, 도로와 철도도 비교적 잘 구비되어 있다.

며 각종 산나물도 많이 난다.

(2) 용정시

용정은 조선족이 최초로 정착한 곳으로 연변 지역에서 가장 먼저 개발되었다. 28만여 명의 인구 가운데 조선족이 68%를 차지하여 자치주 내 8개 시·현 중에서 조선족 비율이 가장 높은 곳이다. 옛날 부터 조선족 사회의 정치, 경제, 문화 중심지였기 때문에 우리 민족 과 관련된 유적이 많고 민속이나 관습도 잘 보존되어 있다.

우리 민족의 선각자들이 일찍이 이곳에서 서전서숙과 동흥, 대성

용정시 용정은 조선족이 최초로 정착한 곳으로, 옛날부터 조선족 사회의 정치, 경제, 문화 중심지였기 때문에 우리 민족과 관련된 유적이 많고 민속이나 관습도 잘 보존되어 있다.

등 여러 사립 중학교를 세워 반일 독립 정신을 고취시켰으며 1919
년 전 연변 지역을 휩쓴 3·13 반일 시위와 1930년의 5·1, 5·30 폭
동도 모두 용정에서 발원하였다. 따라서 중국 조선족을 언급할 때
연변을 말하지 않으면 안 되듯이 연변 조선족을 말할 때 용정을 빼
놓으면 안 된다.

용정시는 연변 조선족 자치주 중부, 그리고 길림성 동부에 위치하
며 동남쪽으로는 조선과 국경을 맞대고 동북쪽은 연길시와 도문시,
서쪽은 화룡시, 서북쪽은 안도현과 인접해 있다. 용정 시내에서 모
아산을 넘어서 연길 시내까지는 자동차로 30분 거리이다. 사면이 산
으로 둘러싸여 있고 강, 하천을 낀 분지로서 벼의 생산지이자 사과
배, 잎담배의 산지이기도 하다.

(3) 훈춘시

도문에서 두만강변을 따라 자동차로 한 시간 반쯤 달리면 넓은 평
야가 펼쳐지고 훈춘시가 나타난다. 훈춘시는 길림성 동남부의 두만
강 하류, 연변 조선족 자치주의 동부에 위치해 북한, 러시아와 인접
해 있다. 한때는 교통이 불편하여 개발을 거의 하지 못했지만, 중국
의 개혁 개방 정책과 더불어 활기를 띠고 있다. 3국 접경 지대에 위
치하여 황금의 삼각주(golden triangle)로 불리며 1988년 12월에 훈춘
경제 개발구를 설립하고 개발 투자가 진행 중이다.

독특한 지리적 조건과 함께 자연 풍경이 아름다워 관광지로서의

입지도 좋다. 특히 훈춘시 소재지에서 동남쪽에 위치한 방천촌은 두만강 하구와 15㎞밖에 떨어져 있지 않아 직접 동해안에 닿을 수 있다. 이로 인하여 해양성 기후의 영향을 받아 여름에는 동남풍이 불고 서늘하며 강우량이 집중되고 겨울에는 서북풍이 주로 불며 눈이 쌓이지 않는다.

석탄과 사금 등 지하 자원이 비교적 풍부하고 개발·이용할 수 있는 야생 동식물 자원은 천여 종에 달한다. 특히 인삼, 꿀, 기름개구리 등의 특산물이 많이 나고 농산물은 벼와 콩을 위주로 한다. 수산물로는 연어, 초어, 붕어 등이 있는데, 특히 훈춘의 연어는 맛이 좋기로 유명하다.

훈춘시 3국 접경 지대에 위치하여 황금의 삼각주(golden triangle)로 불리는 훈춘시. 독특한 지리적 조건과 함께 자연 풍경이 아름다워 관광지로서의 입지도 좋다.

인구는 21만여 명으로 조선족과 한족이 각각 42% 대 48%의 비율을 이루며 만주족과 회족, 몽골족도 다수 있다. 특히 만주족은 자치주 내 만주족의 40%인 14,400여 명이 거주한다.

(4) 돈화시

연변 조선족 자치주의 서북부에 위치한 돈화시는 사방이 산으로 둘러싸여 있다. 목단령에서 발원하는 목단강이 남쪽에서 굽이굽이 북쪽으로 흘러가며 10여 갈래의 크고 작은 지류들이 합류하고 평탄한 분지 지세를 이룬다. 서남부, 서북부와 동북부의 고산 준령에서

돈화시 연변 조선족 자치주의 서북부에 위치한 돈화시는 사방이 산으로 둘러싸여 자연 자원이 풍부한 국가 중점 임산 지구이다.

는 여러 종류의 목재가 많이 나 목재 공업이 발달하였다. 자연 자원이 풍부한 국가 중점 임산 지구이다.

또 동북 호랑이와 꽃사슴 등 진귀한 동물과 약재가 서식한다. 야생 식물은 1,463종인데 한약재는 240여 종에 달한다. 야생 동물은 105종에 이른다. 돈화시에는 광물 자원도 풍부하다. 현재 탐사한 광물만 해도 20여 종에 이른다.

돈화시의 면적은 11,957㎢로서 주내 8개 시·현 중에서 가장 넓으며, 인구는 48만여 명이다. 그 중에 한족이 91%를 차지하고 조선족은 겨우 5%에 지나지 않는다. 옛 발해국의 수도로서 유구한 역사를 간직하고 있다. 1881년에 돈화현으로 되었고 1958년에 연변 조선족 자치주에 귀속된 후 1985년에 시로 승급되었다.

(5) 도문시

연변 조선족 자치주의 동남부에 위치한 도문시는 북한과 두만강을 경계로 하는 중국의 주요 국경 도시의 하나이다. 북한의 남양시와 철로, 인도교로 통하며 중국과 북한 간 교역의 주요 통로이다. 따라서 해관(세관)을 비롯하여 위생 검역소, 동식물 검역소 등이 있다.

도문시는 원래 연길현에 속한 진이었으나 1965년에 왕청현의 석현진과 합병하여 시로 승격되었다. 14만여 명의 인구 가운데 조선족이 58%, 한족이 40%를 차지하고, 그 외에 만주족과 회족, 몽골족 등 여러 민족이 함께 생활한다.

　도문시는 사면이 산으로 둘러싸여 대부분 구릉지를 형성한다. 기후는 중온대 대륙성 계절풍 기후에 속하는데 사계절이 뚜렷하다. 연평균 기온은 6.8℃, 연평균 강수량은 547㎜이다.

　북한과 두만강을 경계로 하는 도문시에서는 김일성 초상화와 밭일을 하는 북녘 동포들, 동네를 어슬렁거리는 강아지 모습까지도 한눈에 담을 수 있어 한국 관광객들의 발길이 끊이지 않는다. 분단의 비극을 느낄 수 있고 통일의 의지를 되새길 수 있는 곳이다.

도문시 연변 조선족 자치주의 동남부에 위치한 도문시는 북한과 두만강을 경계로 하는 중국의 주요 국경 도시의 하나이다. 북한의 남양시와 철로, 인도교로 통하며 중국과 북한 간 교역의 주요 통로이다.

(6) 화룡시

연변의 동남부, 백두산 동쪽 기슭에 자리 잡은 화룡은 남으로는 두만강을 사이에 두고 북한과 마주하고 있다. 북한과의 국경선 길이는 164.5㎞에 이르고, 총면적은 4,930㎢이다. 전체 인구는 23만여 명으로 조선족이 55.6%, 한족이 43.3%를 차지한다. 화룡시는 원래 연길부에 속했는데, 1909년 현으로, 1988년에는 시로 승격되었다.

서부에 고산 준령이 많고 산지가 91%를 차지하여 임업 자원이 매우 풍부하다. 농작물로 콩, 조, 옥수수, 밀, 사과, 배 등이 생산되며 특용 작물로는 황색종 담배, 아마 등이 있다. 화룡시의 변경에서

화룡시 거리 녹색 생태 시범구인 화룡에는 선경대, 청산리 전적지 등 관광 명소도 많아 국내외 관광객들로 붐빈다.

는 북한의 수려한 산봉우리와 백두산의 절경을 감상할 수 있다.

특히 화룡시 소재지에서 30㎞ 떨어진 덕화진 경내에는 발해국 국왕이 '뭇 신선이 노니는 천하 제일 선경'으로 칭송한 선경대 자연 풍경구가 있다. 선경대는 기봉奇峰, 기송奇松, 기암奇岩, 기화奇花의 세계로 우뚝 솟은 봉우리들은 천태만상의 천연 조각이 형성되어 수려한 장관을 이룬다.

(7) 왕청현

연변 조선족 자치주 동북부에 위치한 왕청현은 훈춘, 수분하 두 변경 도시와 인접하고 러시아 국경에서 40㎞ 거리에 있다. 인구는 약 27만 명으로 그 중 한족이 64%인 반면에 조선족은 32%에 불과하다.

왕청현은 6개의 수력 발전소를 가동하여 수력 자원이 풍부하고 금과 몰리브덴, 니켈, 수정석 등 26종의 광물 자원이 매장되어 있다. 석회석의 매장량은 2억 톤으로 추정된다. 또 야생 동물이 157종, 야생 경제 식물이 1,032종이나 되며, 산삼·오미자·영지·녹용·사향·웅담 등 약용 가치가 높은 진귀한 한약재들이 매우 많다. 송이버섯 같은 버섯류도 243종이나 되며 2000년에는 버섯 축제가 열리기도 하였다. 이렇듯 야생 동식물 자원이 풍부하여 거대한 특산물 보고라 불린다.

연평균 기온은 3℃~5℃인데, 1월 평균 기온은 -16~-20℃이고 7

월 평균 기온은 17℃~20℃이다. 연 강수량은 600㎜가 채 되지 않는다.

(8) 안도현

안도현은 길림성 동부의 두만강, 압록강, 백두산 자락에 자리 잡고있다. 지세는 남부가 높고 북부가 낮으며 고산준령이 많다. 기후는 춥고 비가 많이 내리는 편이다. 1월의 평균 기온은 -16~-22℃이고 서남쪽으로부터 동북쪽으로 갈수록 기온이 높으며 7월의 평균 기온은 16℃~20℃에 이른다.

안도현 구석기 시대 유적이 발견된 곳으로 유명한 안도현은 현재까지 알려진 바로는 연변에서 인류가 가장 먼저 살았던 곳이다.

안도현은 구석기시대 유적이 발견된 곳으로 유명하다. 명월진 동남쪽에서 2㎞ 정도 떨어진 부르하통하 강변의 석회암 동굴 속에서 1963년 고대인의 화석이 발견되었다. 발굴된 19종의 동물 화석 가운데 상당수가 털코뿔이, 털코끼리 등 포유동물의 화석이었다. 이빨 화석은 감정 결과 고대인의 것으로 확인되었다. 동물 화석을 과학적으로 측정한 결과 안도인이 살았던 연대는 약 26,000년 전인 구석기 말기에 속하는 것으로 밝혀졌다. 따라서 안도현은 현재까지 알려진 바로는 연변에서 인류가 가장 먼저 살았던 곳이다.

총인구는 22만 명으로 조선족이 23%를 차지하고 나머지는 한족을 위시해 만주족, 회족, 몽골족 등이 함께 생활한다.

한편 안도현 이도백하진에는 우리 민족의 성산인 백두산이 위치해 있다.

3. 우리 민족의 발자취

연변 지역은 오랜 세월 동안 우리 민족의 생활 무대로서 우리 민족과는 떼려야 뗄 수 없는 곳이다. 고구려와 발해시대에는 그 영토에 속했기 때문에 당시 유적이 곳곳에 흩어져 있고, 나라를 잃었던 일제시대 우리 민족의 비애가 뼛속 깊이 사무쳐 있기도 하다.

과거만 그런 것이 아니라 현재에도 연변에는 중국 인민이면서 우리말과 글을 사용하고 우리 전통 음식을 먹는 조선족들이 자치 구역을 이루어 오순도순 살아간다. 그 땅에는 여전히 우리 민족혼이 숨쉬고 있다.

한반도 남부에서는 이미 산업화 과정에서 사라져 버린 우리 자신의 모습을 연변에서 찾을 수 있다. 그래서 처음 연변을 방문하는 한국인들은 마치 1970년대 한국을 연상하는 듯한 모습에 넋을 잃고 감동으로 조선족을 바라본다.

연변을 보다 구체적으로 살필 필요가 있는 것도 우리에게는 바로 그 땅이 옛날이나 지금이나 결코 무심한 외국이 아니기 때문이다. 어느 곳인들 우리 민족혼이 깃들지 않고, 우리 민족의 피눈물이 고여 있지 않는 곳이 없다. 또한 오늘날 한·중·일 동북아 3국이 역사 해석을 둘러싸고 갈등을 빚는 현장으로 새삼 그 중요성이 강조되고 있다. 이러한 연변에서 우리는 민족의 숨결을 느끼고 민족의 의미를 되새기게 된다.

(1) 연길시 인민 공원과 조선족 민속원

1920년대에 만들어진 인민 공원은 수목이 우거지고 봄이면 꽃들이 만발하는 도심 속의 공원으로 산과 물, 정자, 누각이 조화를 이루어 한 폭의 산수화를 연상시킨다. 우리 민족의 민속 미풍을 반영한 인물과 동물 조각상, 오락 시설을 갖추고 있다. 8·15 노인절에는 이곳에서 흥겨운 잔치가 벌어지며 평소에도 많은 사람들이 공원을 찾는다. 공원 안의 작은 산봉우리는 원래 여진시대에 봉화대로 쓰이던 것이다.

연길시 교외 모아산 기슭에 위치한 연길 조선족 민속원은 우리 민족의 고대 건축물을 모방한 민속촌과 한국식 별장 마을로 꾸며져 있다. 조선족 음식을 전문적으로 판매한다. 연변 각지의 조선족들이 단체 유람을 오지만, 우수한 입지 조건과 수려한 자연 환경에도 불구하고 시설물을 개·보수하지 않아 관광객들을 실망시키기 쉽다. 겨울철에는 스키장과 썰매장을 개장한다.

(2) 연변 박물관과 성자산성

연변 박물관은 1960년도에 건립되었으나 2002년도에 연길시 비행장 동북쪽에서 약 1㎞ 떨어진 지금의 자리로 옮겨 왔다. 현재 보관중인 유물은 1만여 점에 이른다. 그 중에는 출토 문물이 5천여 점이며 진귀한 발해 문물도 9백여 점에 달한다.

성자산성은 연길 시내에서 8㎞쯤 떨어진 부르하통하와 해란강이 합쳐지는 지점의 북쪽 산에 천연석으로 쌓은 성벽이다. 무려 1200년의 역사를 지닌 고구려 시기 3대 산성 중의 하나로, 발해와 요나라, 금나라도 이용했다고 한다. 이곳에서 많은 유물이 출토되었고, 지금도 서북쪽 왕궁 옛터에는 고구려와 발해시대 기와가 흩어져 있다.

(3) 용정 기원지 우물

19세기 말 조선 이주민인 장인석과 박인언이 발견한 우물이 물이 맑고 맛이 달콤하여 오가는 길손들의 인기를 끌었다고 한다. 그러자 우물을 쉽게 이용할 수 있도록 용드레박을 세우면서 이 우물을 룡두레 우물, 이 마을을 룡두레촌이라 부르기 시작하였다. 오늘날 용정이라는 지명도 여기에서 유래된 것이다.

1934년에 용정 지명의 기원을 기념하기 위하여 우물 옆에 '용정 지명 기원지 우물'이라는 비석을 세우고 버드나무를 심었다. 그런데

룡두레 우물과 버드나무 조선족들은 결혼식이나 회갑 잔치, 첫돌 등 큰일이 있을 때에는 이 유서 깊은 우물에서 기념 사진을 찍는다. 1934년 용정 지명의 기원을 기념하기 위해 심은 버드나무는 우리 민족이 중국에서 정착 생활을 시작한 상징이 되고 있다.

문화 대혁명의 광풍이 불던 1966년 8월 홍위병들이 기념비를 부수고 우물을 흙과 돌로 메워 버렸다.(전광하 편저, 10쪽) 그러나 그때 심은 버드나무 한 그루는 지금까지 아름드리 고목으로 남아 우리 민족이 중국에서 정착 생활을 시작한 상징이 되고 있다. 우물도 1986년에 복원되었다. 조선족들은 결혼식이나 회갑 잔치, 첫돌 등 큰일이 있을 때에는 이 유서 깊은 우물에서 기념 사진을 찍는다.

(4) 일송정

용정 시내에서 서쪽으로 3㎞쯤 떨어진 산등성이에 올라 다시 남쪽으로 방향을 틀면 화룡시와 경계를 이루는 곳에 비암산이 우뚝 솟아 있다. 그 비암산의 깎아지른 듯한 벼랑 끝 바위 틈에 뿌리를 박고 억세게 자란 소나무 한 그루가 있었는데, 마치 돌기둥에 청기와를 얹은 정자와 비슷한 모양을 하고 있다 해서 일송정이라 불렀다.

일송정 소나무는 항상 우리 민족과 함께 있었다. 은밀한 집회가 필요했던 독립운동가들과 항일 선구자들은 이곳에서 비밀 모임을 가졌고 청년 학도들은 이곳에 올라 뜻을 키우고 지혜를 닦았다. 농부들은 가뭄이 오래 가면 이곳에서 기우제를 지내기도 했다. 옛날 용정에 거주하던 조선 이주민들에게 일송정은 대를 이어오면서 성스럽게 여겼던 곳이다.

이를 아니꼽게 본 일제는 소나무를 죽일 목적으로 껍질을 벗기고 구멍을 뚫어 후추씨를 넣고는 껍질을 도로 붙였다. 이 이후로 우리 민족이 그토록 숭상하고 찬미하던 일송정 푸른 솔은 서서히 시들기 시작해 1938년에 와서는 영영 말라 죽었다고 한다.

1990년에 원래 일송정이 있던 자리에 작은 소나무를 심고 정자를 새로 만들었으며 일송정 정자비와 선구자 노래비를 세웠다. 그러나 선구자 노래비는 작사자와 작곡가의 친일 행적이 도마 위에 오르자 2003년 철거하였다. 이곳에서는 용정 시가지와 용정시를 가로지른 해란강이 한눈에 들어온다.

(5) 대성중학 옛터

1921년 10월 8일에 민족주의자 강훈 등이 설립한 대성중학은 오랜 항일 투쟁의 전통을 지닌 학교로 수많은 독립 투사와 지식인들을 배출했다. 또한 반일 애국 학생 운동의 요람이 되었다. 1939년 설립 18년 만에 일제에 의해 강제로 동흥중학과 합병되어 룡정국민고등학교로 개칭되었다가 일제가 패망한 이후 대성중학 졸업생들을 중심으로 복교 사업이 벌어져 1945년 9월 12일 원래의 자리에 다시 문을 열었다. 그러나 이듬해 9월 16일 용정의 5개 중학과 합쳐져 용정중학이 되었다.

대성중학 유적지는 용정시 서쪽의 용정시 제1중학 운동장에 있으며, 길이 36.5m, 너비 8m의 회색 벽돌로 된 2층 건물이다.

대성중학(현 용정중학) 1921년 10월 8일 개교. 민족주의자 강훈 등이 설립한 대성중학은 오랜 항일 투쟁의 전통을 지닌 학교로 수많은 독립 투사와 지식인들을 배출했다.

(6) 윤동주 묘소

독립운동 혐의로 일경에 체포되어 일본 후쿠오카 형무소에서 수 감 생활을 하던 윤동주는 1945년 2월 16일에 옥사했고 유해는 한 줌의 재로 변해 3월 3일 고향인 용정 동산에 있는 공동묘지에 안장 되었다. 대성학교 졸업생들은 저명한 민족 시인 윤동주의 업적을 길이 전하기 위해 교정(현 용정중학)에 윤동주 시비를 세웠으며 동산 에 안장한 윤동주의 진묘를 정확히 몰라 가묘를 만들어 참배를 하 고 있다. 공동묘지의 황톳길을 따라 죽 올라가면 다른 묘소와 별반 다르지 않는 윤동주의 묘소가 나타난다. 비록 작은 안내 간판이 있

기는 하지만, 찾기가 어렵기 때문에 안내를 받는 것이 좋다. 이 공
동묘지에는 이채롭게도 그리스도교 신자의 묘소가 많다.

윤동주 묘소 옆에는 그와 일생을 거의 함께 보내면서 민족 문화
를 깊이 연구하다 일경에 체포되어 옥사한 그의 고종사촌 형인 청
년 문사 송몽규(1917~1945)의 묘소가 있다. 그를 잘 아는 한국인은
드물지만 북한에서는 오히려 윤동주보다 더 높이 평가한다. 윤동주
묘소와는 달리 찾는 사람도 없이 이름 모를 산새들만 젊은 영혼의
친구가 되고 있다.

한편 용정 시내에서 택시로 10여 분 거리에 있는 명동촌에는 윤
동주의 생가가 있다. 이 생가는 1994년 한국의 해외 민족 연구소 기

윤동주 묘소(1917~1945) 1945년 3월 3일 고향인 용정 동산에 있는 공동묘지에 안장된 윤동주 묘소.

금으로 복원되었다.

(7) 방천과 권하 중조 국경 다리

훈춘시에서 70㎞ 떨어진 방천은 중국과 북한, 러시아의 3국 국경 지대에 자리 잡고 있어 동북아의 황금의 삼각주로 불린다. 방천촌의 변방 초소로 가는 길은 러시아와 북한의 국경 사이에 뚫어 놓은 좁은 길로, 그 길을 포함한 불과 5미터 너비에 3개국의 영토가 맞닿아 있다. 국경선을 본 적이 없는 한국인 관광객에게는 퍽 이채로운 풍경이다.

중국 최동단 첫 마을 방천 중국과 북한, 러시아 3국 접경 지대로 '닭 해치는 소리 3국을 깨운다'는 특이한 풍광을 지닌 지역이다.

초소 앞에 우뚝 솟아 있는 망해각 위에 올라서면 3국 변경의 자연 풍경을 마음껏 눈에 담을 수 있다. 망해각 왼쪽으로는 러시아 변방 마을이 이국의 정취를 보여 주고 오른쪽으로는 북한과 러시아 간을 연결하는 유일한 육상 통로인 철교와 북한의 두만강시가 한눈에 들어온다. 이렇듯 이곳은 세 나라 산천을 구경하고 세 나라 닭 울음 소리와 개 짖는 소리까지 들을 수 있어 관광지로서 좋은 입지를 지닌 곳이다.

1936년 11월에 건설된 권하 중조 국경 다리는 총 길이가 500m에 달하는 두만강 하구의 큰 철교이다. 북한과 중국이 각각 250m씩을 차지하며 너비는 6.6m이다. 권하해관은 중국과 북한의 나진·선봉 자유 경제 무역구가 직접 통하는 유일한 해관으로 나진과는 48㎞ 정도 떨어져 있다. 이곳에서 나진항을 거쳐 부산항까지 해운 수로로 연결된다.

(8) 오동성과 발해 유적

우리 역사에서 발해가 차지하는 존재 의미는 무엇인가? 중국은 발해사를 중국 동북부 지방의 지역사, 즉 중국 지방 정권의 역사로 규정하고 있지만, 우리에게는 아직도 의붓아버지 같은 인상을 지울 수가 없다. 그만큼 발해에 대한 연구가 미흡했다는 증거이다. 발해는 연변 각지에 많은 유적과 유물을 남겨 놓았다. 그 가운데 오동성 유적지는 발해 왕국 도성의 소재지였다. 발해의 시조이자 1대왕인 대조영이 축조한 이 성은 돈화시 동쪽에 자리 잡고 있으며 동으로는 목단강에 이르고 북으로는 지금의 흑룡강성 영안현에 잇닿아 있다. 오동성은 회回자 형으로 되어 있으며 평면은 장방형으로서 내성과 외성 두 부분으로 나뉘어 있다. 주위에는 여러 개의 위성이 호위한다. 흙으로 쌓은 외성의 둘레는 1,200m에 이른다. 내성은 장방형이며 둘레는 320m이다.

　오동성에서 발굴된 유물로는 동전, 돌절구, 질그릇, 병기, 수레바퀴 아리와 벽돌, 기와 등이 있다.(류연산①, 36-37쪽)

　발해국의 제3대 왕인 대흠무는 중경 현덕부에서 상경 용천부로 수도를 옮긴 뒤 또다시 784년경에 천도하여 지금의 훈춘시 국영 양

오동성 발해 왕국 도성의 첫 도읍지였던 오동성 유적지는 발해의 시조이자 1대왕인 대조영이 축조한 성이다.

종 농장 부근에 성을 쌓아 동현덕부라 하였다. 일명 반랍성이라고도 하는 팔련성 터이다. 성내에 8개의 성벽이 붙어 있다고 해서 그렇게 부른다. 외성과 내성, 북성으로 이루어져 있으며 성벽은 모두 흙을 다져 쌓았다. 외성은 둘레 길이가 2,894m에 이른다. 북성은 동서로 긴 장방형 모양을 하며 외성의 가장 북쪽에 치우쳐 있고 내성은 외성의 중앙에 위치해 있다. 성대에서 발굴된 연꽃잎 무늬 막새, 손가락 무늬 기와, 녹유 기와, 문자 기와 등은 발해의 독특한 장식 문양을 담고 있다.(이해승, 254쪽)

팔련성은 대흠무가 죽고 성왕이 집정한 이후 수도를 상경 용천부로 옮길 때까지 10년 동안 발해의 도읍이었다.

돈화시에서 남쪽으로 5㎞ 떨어진 거리에 6개의 봉우리가 기복을 이루고 있는 '류정산'이 있다. 이곳에서 발해 왕국 초기 왕족과 귀족들의 왕릉이 모여 있는 무덤군이 발견됨으로써 이름이 널리 알려졌다. 무덤군은 두 개 구역으로 나뉘어 있는데 크고 작은 묘지가 대략 백여 개나 된다. 그 중에서도 발해 제3대 문왕 대흠무의 둘째 딸인 정혜공주의 묘가 가장 유명하다. 1949년에 정혜공주의 무덤을 발굴하고 정리할 때 묘비와 한 쌍의 돌사자가 발굴되었다. 묘비는 780년에 새겼고 비문은 725자인데 작고 갓머리도 없다.

(9) 도문해관과 두만강 강변 공원

도문시 동쪽 두만강변에 있는 도문해관에는 해관, 변방부대, 동·

식물 검역소를 망라한 청사와 교두국문이 있다. 교두국문으로 북한과 중국 두 나라의 왕래가 이루어지며 화물차도 오고 간다. 두만강 제방에서는 돈을 지불하고 기념 사진을 찍을 수도 있다. 국문 남쪽에는 북한의 공예품과 우표 등 각종 특산물을 파는 상점이 있다.

도문시 동쪽 두만강변에는 깨끗이 조성된 강변 공원이 있다. 총길이는 5㎞이며 공원 맞은편에는 두만강을 사이에 두고 북한의 남양시 전경이 한눈에 들어온다. 유람선이나 나룻배로 두만강 뱃놀이를 하면서 보초를 서는 북한 군인들과 이야기를 나눌 수도 있다. 민족 분단의 현실을 절감하는 곳이다. 이 때문에 한국 관광객들이 많이 찾는다.

(10) 봉오동 전적지

1920년 6월 4일 반일 연합 부대의 박승길 등 30여 명은 중국에서 두만강을 건너 본국에 들어가 일본군의 거점을 공격한 뒤 다시 중국으로 되돌아 갔다. 이에 일본군 부대가 보복 공격을 감행하자 6월 7일 홍범도가 거느린 대한 독립군은 최진동의 군무 도독부의 독립군과 합세하여 봉오동 고지에 매복하였다가 일본군을 포위 공격하였다. 이 전투에서 일본군 160여 명을 전사시키고 300여 명을 부상시켰다. 봉오동 전투는 일제에 대항하여 싸운 여러 독립 전투 가운데 가장 빛나는 성과를 올린 전투의 하나로 꼽힌다.

봉오동 저수지에 유적 기념비가 세워져 있다.

(11) 백두산

6개 시, 2개 현으로 구성된 연변 조선족 자치주에는 우리 민족의 혼이 스며 있는 곳이 적지 않다. 그 가운데 우리 민족의 마음속에 늘 함께 하는 백두산을 빼놓고 연변을 얘기하기 어렵다. 아직까지는 중국을 거쳐 백두산에 갈 수밖에 없는 현실이 분단의 비극을 절실히 느끼게 한다.

길림성 동남부와 북한, 중국의 국경을 가로질러 있는 백두산! 백두산은 신생대 화산 활동의 결과로 생긴 세계적으로도 흔치 않는 화산체이다. 과학적으로 화산체는 지각의 창문에 해당되는데, 이 창문을 통해 우리는 지각의 깊은 곳에 있는 많은 정황을 엿볼 수 있다.(이해승, 258쪽) 화산 폭발로 인한 회백색의 화산석들이 산꼭대기를 덮고 있고 일 년 중 7개월은 눈으로 싸여 있다.

백두산은 우리 한민족은 물론이고 만주족도 자기 민족의 발흥지라 하여 성스럽게 여기는 영산이다. 모두 16개의 산봉우리 가운데 7개 봉우리는 북한 영내에, 6개는 중국 영내에 있으며 3개 봉우리는 두 나라의 경계를 이룬다. 이들 봉우리 가운데 최고봉은 해발 2,749미터인 백두봉(일명 장군봉)으로 북한 경내에 있다.

백두산은 예로부터 '천년적설만년송 인간지상제일봉'으로 불릴 정도로 기이한 경관과 소박한 풍경으로 유명하다. 길림성 무송현지撫松縣誌에는 백설을 찬미하는 다음과 같은 시가 전해 온다.(이해승, 258쪽)

　　호호백발 드리운 숭엄한 백두산
　　낮이면 햇님도 무색해지고
　　긴 시절 녹지 않는 백설의 세계
　　달빛 아래 더더욱 고결하여라

　백두산에 오르고 나면 모두들 남다른 감회를 느낀다. 등소평도 백두산에 오르지 못하면 평생의 한이 될 것이라며 백두산의 절경을 감탄하였다고 한다.

1) 천지

　백두산 2,189m 정상에 위치한 천지는 세계적으로도 유명한 타원형 모양의 화산 분출구 호수이다. 가장 깊은 곳은 373m이고, 남북 길이는 4.4㎞, 동서 너비는 3.37㎞이며 총 저수량은 약 20억㎦이다. 북한과 중국 두 나라의 국경선을 가로질러 흐르는 송화강, 두만강, 압록강 등 3대 강의 발원지이기도 하다. 천지에는 물이 빠져나가는 달문이라는 목만 있지 천지로 물이 흘러드는 입구는 없다. 하지만 천지의 수량은 신비하게도 항상 같은 높이를 유지한다.

　천지는 주위가 산봉우리로 둘러싸여 있는 데다 수면이 맑고 잔잔하며 기후 변화가 심해 풍광이 매우 아름답다. 그러나 천지에 접근할 수 있는 계절에 안개 끼는 날이 80% 이상이기 때문에 육안으로 보기가 쉽지 않다. 천지의 안개는 갑작스레 낀다. 마치 집채 같은 사나운 구름덩이가 밀려와 모든 연봉을 덮어버리고 천지 쪽으로 일제히 내리뻗는 광경은 참으로 신비하다. 그 모양은 사시사철 다르고 같은 계절에도 기후 조건에 따라 달라진다.

천지의 물은 투명한 수정같이 맑고 깨끗하다. 한여름에도 수온이 8~9℃에 불과하기 때문에 미생물이 번식하기 어렵다. 호수의 결빙기는 11월 하순경에서 다음 해 6월 중순경까지 약 7개월 가량이다.

2) 백두폭포(중국 : 장백산 폭포)

천지 북쪽의 용문봉과 천활봉 사이에 있는 틈이 천지의 출구인 달문이다. 이곳을 통하여 천지의 물이 흘러나온다.

천지에서 흘러나온 물은 처음에는 조용히 흐르다가 경사가 가파

백두산 천지 세계적으로 유명한 화산 분출구 호수로, 항상 일정한 수량을 유지하고 있다.

른 곳에 이르면 갑자기 격류로 변하면서 돌연히 나타난 낭떠러지에서 곤두박질을 치며 큰 폭포를 형성한다.(이해승, 276쪽) 폭포는 절벽에서 떨어진 후 계곡을 흐르면서 마치 꽃가루가 날리는 것처럼 세찬 물보라를 날린다. 그 아름다움을 이렇게 표현하기도 한다.

아득한 벼랑에서 쏟아지는 물은 멀리서 보면 허공에 비단필이 드리운 것 같고 가까이에서 보면 물보라가 흩날려 눈비가 내리듯이 찬기운이 머리칼을 곤두서게 한다. 실로 파도가 밤을 놀라게 하고 폭우가 갑자기 쏟아질 것 같다.(연변조선족자치주 개황 집필소조, 271쪽)

천지의 표면이 얼어붙는 겨울에도 폭포수는 멈추지 않고 의연하게 떨어져 내린다. 날씨가 청명할 때에는 멀리 100리 밖(이도백하 하류)에서도 그 모습을 볼 수 있어 그곳의 백하라는 지명이 유래되었다. 폭포수는 계절에 따라 다소 다르나 평균 유수량은 초당 1.32㎥이고 최대 유수량은 3.42㎥이다.

3) 온천

흑풍구 흑석 밑에는 1000여㎡의 온천군이 있다. 수온은 대개 60℃~70℃이며 어떤 곳은 82℃까지 올라간다. 고열 온천이 생긴 것은 화산 폭발의 영향이다. 이곳에는 1597년부터 1702년 사이에만도 세 차례나 화산이 분출하였다. 아직 남아 있던 당시의 미열이 땅 표면으로 스며든 빗물을 가열시키고, 그 물이 압력에 의해 다시 견고한 지각을 뚫고 퐁퐁 솟아 나오는 것이다. 온천 구역은 사시사철 증기가 피어 오른다.

노천 온천에는 계란을 삶아 팔고 있다. 비록 비싸기는 하지만 그 맛은 과연 일품이다.

4) 천녀욕궁지

천녀욕궁지는 백두산 동쪽에서 30㎞되는 곳에 위치한 적봉 서북쪽의 화산 분출구로 못의 직경은 180m이다. 이곳 물은 외부에서 흘러들지도 않고 나가지도 않으며 땅속 샘물이 솟아올라 못을 메운다. 그 물은 맑고 얕아서 물고기가 헤엄쳐 노는 모습까지도 볼 수 있다.

선녀가 내려와 목욕을 했다는 전설로 유명하다.

제3장 조선족 사회의 민족 교육

여기서 민족 교육을 다루고자 하는 것은 교육이 이주 민족에게 매우 중요하기 때문이다. 교육학자들은 교육을 인간 행동의 계획적 변화라고 정의한다. 하나의 활동이 교육인가 아닌가 하는 것은 그 활동이 의도하는 인간 행동의 변화가 실제로 일어나는지 여부와 관련 있다. 다시 말해 교육이 행해지는 곳에는 반드시 어떤 종류의 것이든 결과를 이루기 위한 일이 일어난다는 것이다. 그 결과란 어떤 것들인가? 한 개인이나 민족의 성격, 관습이 바람직한 방향으로 개조되는 것일 수 있고, 우수한 전통 문화를 보존·유지하는 노력, 새로운 문물을 습득하는 일일 수 있다.

결론적으로 교육은 피교육자로 하여금 현재보다 나은 생활을 영위하도록 유도한다. 교육을 통해 한 개인이 신분 상승을 기할 수 있고 후진 사회가 선진 사회로 진입할 수도 있다. 이러한 교육 행위가 일어나지 않는 사회는 미래의 희망을 찾기 힘들다.

우리 민족은 나라가 일제에 망했던 그날에도, 빈곤에서 허덕이던 그때에도 교육의 힘을 알고 교육에 매진했기 때문에 결코 희망을 잃지 않을 수 있었다. 예로부터 자식 농사를 최고로 쳐 온 만큼 비록 먹지 못하고 입지 못하며 등록금을 내기 어렵더라도 자녀 교육을 등한시하지 않았다. 집안의 밑천인 소까지 팔아 가면서 자녀를 대학에 보낸다고 해서 '우골탑'이란 말이 한동안 유행하지 않았던가? 그만큼 자녀 교육에 목숨을 건 민족이다.

분수에 지나친 교육열은 때때로 여러 가지 부작용을 낳기도 하였다. 대표적인 예로 우리 사회에 만연하는 학벌 지상주의를 들 수 있겠다. 무조건 대학을 나와야 하며 그것도 세칭 일류 대학을 졸업해야 한다는 생각에 얽매여 있다. 일류 대학을 졸업한 사람들은 그들끼리 커뮤니티를 만들어 서로 밀어주고 끌어 준다. 능력이 있더라도 대학을 졸업하지 못했거나 일류 대학을 나오지 않은 사람들은 제대로 능력을 평가 받지 못한다. 그 폐단 때문에 우리 사회가 얼마나 심한 몸살을 앓고 있는가?

이러한 역기능에도 불구하고 교육열의 순기능은 아무리 높이 평가해도 지나치지 않다. 높은 교육열 때문에 글자를 모르는 사람이 없고 새로운 역사 창조의 동력인 인재를 많이 양성할 수 있었다. 무에서 시작한 한국의 근대화가 열매를 맺은 것은 이러한 교육열의 역할이 컸다.

우리 한국인들은 조상 대대로 학문을 최고의 가치로 여기고 자녀 교육을 중시해 왔는데, 19세기 중반 무렵부터 중국 대륙에서 이주민의 삶을 개척해 온 조선족들은 과연 교육을 어떻게 받아들였을까?

그리고 한반도의 모국 사람들과 어떤 차이가 있을까?

　먼저, 중국 조선족 사회의 초기부터 지금까지 기초 민족 교육이 어떻게 이루어져 왔는지 살펴본 뒤 중국 최초의 소수 민족 대학인 연변대학, 그리고 새로운 시도로 평가되는 연변 과학기술대학을 탐색하기로 하자.

1. 소학·중학의 민족 교육

　한반도에서 중국으로 이주한 조선족도 교육열만큼은 모국의 민족 주류와 조금도 다르지가 않다. 그들도 민족 주류와 마찬가지로 자녀 교육에 갖은 공을 들였다. 쪽박을 차고 낯선 땅에 이주하여 빈주먹으로 생계를 이어가는 어려움 속에서도 온갖 난관을 극복하며 자식을 공부시키는 데 전력을 기울였다. 조선족 마을이 있는 곳에는 어디에나 서당이나 학교가 세워졌다. 농민들은 학교를 세우는 일에 만사를 제쳐 놓고 자기 일처럼 달라붙었다. 돈이 있는 사람들은 돈을 대고 지식을 가진 사람들은 지식을 제공하여 학교를 운영해 나갔다.

　이렇게 세운 학교에서 민족 교육을 시행하였다. 그 결과 교육의 목표인 개인의 자질 향상과 더불어 민족 문화를 전승하고 조국 독립의 기상을 고취할 수 있었다. 그리고 중국 56개 민족 가운데 평균 교육 이수 연한이 가장 길고 문맹자가 가장 적은 문화 민족이라는 평가를 받기에 이르렀다.

결론적으로 말하자면 조선족 사회의 민족 교육사는 피눈물 나는 이민사의 한 장이며, 어떻게 조선족이 오늘날까지 민족 정체성을 유지하며 살아올 수 있었던가 하는 물음에 대한 답이기도 하다.

사실 중국에 이주한 조선족들에게 교육 문제는 생계 다음으로 중요한 문제였다.(최봉룡, 346쪽) 교육은 한 민족의 존속과 밀접한 관련이 있으므로 조선족은 모국의 민족 주류보다 오히려 더 교육에 큰 의미를 부여하였다. 민족 교육을 시행하지 못하면 민족 언어도, 민족 문화도 대물림하지 못해 정체성을 보존할 수 없다는 점을 알고 있었다.

역사적으로 한반도에서 중국으로 건너간 것은 아주 오랜 옛날인데, 당시 이주자들이 오늘날 중국에서 흔적조차 없이 동화되어 버린 이유는 무엇인가? 그 주요 원인은 바로 자기 민족의 문화를 대대로 이어가게 하는 민족 교육을 시행하지 못했기 때문이다. 반면에 해외에 이주한 한족-화교-들은 곳곳에 초등과정과 중학과정의 화교 학교를 지어 민족 교육을 실시하고 있다. 그리하여 그들은 민족 언어를 보존하고 민족 문화를 전승할 수 있어서 장구한 세월이 흘러도 한족의 정체성을 유지하고 있는 것이다. 아무리 이주민족이라 하더라도 기초 교육 과정만이라도 민족 교육을 실시한다면 민족 정체성을 유지할 기본 토대가 갖추어지는 셈이다.

중국으로 이주한 조선인들은 처음에 한학과 유교 도덕을 전수하는 초등 수준의 민중 사설 기관인 서당에서 교육을 시작하였다. 서당식 교육은 최초의 교육 형식이었다. 동시에 조선족이 이주한 초창기부터 1905년 말까지 유일한 교육 기관이었다.

그러나 20세기 초반부터 신식 교육이 도입되기 시작하면서 학교가 서당을 대체하고 교육의 중심 '기관이 되었다. 1905년 을사조약에 의해 나라의 외교권이 일본에 박탈당하자 많은 애국지사들이 중국 동북 지방으로 이주하였는데, 그들은 즉각적인 항일 투쟁보다 먼저 학교를 설립하고 후세에 대한 교육을 통하여 애국심을 불러일으키는 것이 급선무라고 생각하고(정판룡①, 237-8쪽) 수많은 학교를 잇따라 세웠다.

중국 조선족 사회에서 최초로 설립된 근대식 학교는 1906년에 용

이도강 기숙제 소학교 "배우는 것이 곧 힘이다." "배워야만 망국노의 처지에서 벗어날 수 있다."라며 조선족 사립학교 설립 운동을 전개하던 선구자들의 호소에 적극 호응하여 계속해서 많은 학교가 세워졌다.

정에 세워진 서전서숙이다. 서전서숙은 헤이그 밀사사건으로 유명한 이상설이 1906년 4월에 상해를 거쳐 용정에 자리를 잡은 뒤 이동녕, 이조현, 정순만, 박정서, 김우용 등과 협의한 끝에 그 해 10월 용정촌 기독교인 회장인 최병익의 집을 사서 설립한 학교이다. 설립초기 이상설이 숙장을 맡았고 교원은 4명, 학생은 22명이었다.

　서전서숙의 설립은 중국 조선족 교육사에 있어서 두 가지 뚜렷한 의의를 지닌다. 첫째는 국권 회복을 위하여 애국지사들이 이주민의 집단 거주지에 설립한 학교로서 중국 조선족 교육이 전통적인 구식 서당식 교육에서 학교 교육으로 넘어가는 첫 시작을 알렸으며(박청산·김철수, 143쪽), 둘째는 조선족 사립학교 교육 운동에 반일 교육 이념을 심어 주고 그 방향을 제시해 주었다는 점이다.(최봉룡, 357쪽) 서전서숙의 뒤를 이은 모든 사립학교들은 이 학교가 제시하였던 반일 사상을 교육 이념으로 받들었다.

　일제의 압력에 의해 서전서숙이 강제로 문을 닫자 이듬해인 1907년에는 오히려 명동학교, 창동학교, 광성학교, 정동학교 등 네 개의 학교가 설립되었다. 뿐만 아니라 조선족 사회는 "배우는 것이 곧 힘이다." "배워야만 망국노의 처지에서 벗어날 수 있다."라며 조선족 사립학교 설립 운동을 전개하던 선구자들의 호소에 적극 호응하여 계속해서 많은 학교가 세워졌다.

　그 결과 한 통계에 따르면 1916년 12월까지 중국 동북 3성 내 조선족 사립학교는 238개소나 되었으며 1928년 5월에 조사한 만주국 교육 방안의 통계 자료에 따르면 동북 3성의 조선족 사립학교가

470개소에 이른 것으로 나타났다.(주필 조룡호·박문일, 85-86쪽) 이들 학교에 다니는 학생은 18,147명이나 되었다고 한다.(황유복, 4-5쪽)

이처럼 20세기 초기부터 중국 조선족 사회에는 수많은 민족 교육 기관이 앞다투어 설립되어 민족 교육을 실시할 여건이 비교적 양호했고, 학교 교육도 보편화되었다. 특히 연변에서는 일찍부터 우리 민족 교육이 발달하였다. 그 중에서도 조선족의 집단 거주지이던 용정에는 많은 학교가 있었다. 그곳에는 만주 전역에서는 물론이고 한반도와 소련 연해주에서까지 유학 온 청년들로 붐볐다고 한다. 이 지역 민가의 80%는 학생 하숙집이었으며 학생 수는 전체 인구의 38.8%를 차지하였다.(강영덕, 341쪽)

1920년대에 설립·운영된 조선족 학교는 대체로 네 가지 유형이 있었다. 첫째는 조선족들이 스스로 꾸리는 사립학교, 둘째는 용정의 초기 중학인 영신학교·동흥학교·대신중학 같은 각종 종교 계통에서 꾸리는 민립학교, 셋째는 여러 민족 학생들이 함께 공부하는 학교로 지방 정부에서 경영하는 관립학교, 넷째로 일제가 경영하는 보통학교와 보통서당 등이다. 이 가운데 사립·민립학교는 교육과 종교의 분리 운동을 통해 진보적인 교사들이 학교를 장악하고 학교의 민주 개혁을 추진하였다. 또 마르크스주의 사상이 전파됨에 따라 진보적인 교사들이 사회주의 혁명 사상을 전파하는 거점이 되었다.(중국조선민족발자취총서2, 705~6쪽)

이들 사립학교의 교육 목적은 계몽 운동을 전개하고 반일 민족주의 사상을 고취시키는 것이었다. 근대 교육의 한 형태로서 지식을 전수하는 것도 빠뜨리지 않았지만, 사립학교를 설립·운영하던 반일 지사들과 진보적 지식인들은 단순히 근대 지식을 전수하는 데 그치지 않았다. 학교를 터전으로 삼아 국권 회복과 민족 독립의 교육 이념을 실천에 옮기려 하였다. 조선족 사립학교는 반일 교육의 요람이었으며 반일 민족 운동의 중요한 조성 부분이었다.(최봉룡, 369쪽)

이러한 교육 이념은 당시 사립학교의 교가에 잘 드러난다. 여기서 사립 창동학교의 교가를 소개한다.

> 한줄기 뻗친 맥 늘흰뫼(백두산) 아래
> 한배검(단군)이 처음 닦은 좋고 좋은 곳
> 그 우에 우뚝 나선 우리 창동은
> 인류 문화 발전하려 떨쳐 일어나라
> 후렴: 참스럽다 착하다 아름다워라
> 정신은 자유요 리상은 독립

교가의 핵심은 후렴 부분에 있다. 새 사상 신문화를 배우니 이는 참스러운 것이고, 사회의 근본인 대중을 위해 배우니 이는 착한 것이고, 정의와 진리를 위해 배우니 이는 아름다운 것이다. 이를 통해 일제의 침략에서 벗어나고 독립을 쟁취하자는 내용이다.(주필 조룡호·박문일, 111쪽)

이와 더불어 1916년경에 세워진 학교로 개학 당시 학생이 12명에 불과했던 조양학교의 교가를 보자. 아직까지 그 가사의 감동은 그대로 살아 있다.

> (전략)
> 낙오된 전선 우에서 앉아 있는 우리 민족
> 아침의 빛으로 비추어서 인도합시다.
> (후략)

일제에 짓밟힌 모국을 떠나 중국으로 이주하였지만, 나라를 잃은 망국노의 설움은 그곳에서도 여전하였다. 이 때문에 비록 못 먹고 못 사는 형편이라 할지라도 학교를 세워 자녀들에게 독립 기상을 심어 주는 것이 무엇보다 필요하다고 느꼈다. 당시 설립된 조선족 학교는 대중들의 이러한 정서를 교육 이념에 반영하였다.

각 학교는 일제로부터 엄격한 감시를 받으면서도 민족의식, 반일의식을 함양하는 데 반드시 필요한 조선어, 조선 역사, 동북 지리 과목을 교육하였다. 그 중에서도 나라의 얼과 민족의 넋을 살리고자 역사 교육을 중시했다. 이때 사용된 역사 교과서로는 이미 1909년에 일제가 반포한 출판법에 의하여 조선에서는 출판이 금지된 『대한역사』, 『유년필독』, 『초등동국사략』, 『내외역사』 등이 있었다.

교과목도 그렇지만 교과 내용에도 교육 이념이 철저히 반영되었다. 당시 사용된 국어 교과서의 한 구절을 보면 초창기 선각자들이 민족의식을 고취하기 위해 어떤 내용을 교육했는지 알 수 있다.(최봉룡, 370~371쪽)

오인吾人의 고향은 원수의 수라장이 되어 오인의 자유 행동을 허락하지 않는다. 신 대한을 건설할 활동지는 외국이 아니고 어디에 있겠는가? 그렇다면 우리 조국 광복의 대지를 품은 소년 남아들은 고향에 대한 각자의 정을 버리고 해외로 나와 확실한 목적과 간고한 수단으로써 오척의 단구를 조국 광복의 희생으로 바쳐야 한다. 유골이 어찌 무덤 속에만 묻힐소냐. 남아에겐 어디에나 청산이 있도다.

반일 내용은 국어 교과서뿐 아니라 역사와 지리, 창가 등 다른 과목도 마찬가지였다. 교과서가 반일 내용을 담고 있다는 것은 반일 교육을 체계적으로 실시했다는 증거이며, 반일 애국이 주요 교육 이념이 되었음을 의미한다.

그러나 민족 교육은 일제의 위세가 점점 강해지면서 위기를 맞았다. 9·18 만주사변 이후 일제는 중국 동북 지역에 만주국을 세우고 조선 이민들에게도 식민지 교육을 추진하였다. 이때부터 조선족 사립학교는 강제적으로 폐교되는 등 수난이 잇따랐다.

1937년에는 조선 이민에 대한 교육 행정권이 만주국 문교부로 넘겨졌고 1938년 1월부터 신학제가 실시되었다. 위만僞滿 통치 기간은 조선족을 황국신민으로 동화시키기 위하여 군사적 강압과 각종 악법을 만들어 식민지 교육을 강화한 시기이다. 민족 언어와 민족 문화를 전적으로 말살하고 일본어를 국어로 보급시키며 일본 천황에게 절대적으로 굴종하는 인간을 만들기 위한 일련의 시책을 연변

조선인들에게 강요하였다.(강영덕, 342쪽)

그러나 이에 고분고분하게 순종할 우리 민족이 아니었다. 조선인 학교의 진보적 교사와 학생들은 일제 교육과 폭압 정책에 반대하여 분연히 동맹 휴학을 단행하고 각종 형태의 반일 활동을 전개하였다. 용정 사립 동흥중학에서는 일제와 위만 정부의 규정에 아랑곳하지 않고 일어 과목을 제외한 모든 수업과 활동을 우리말로 진행하고 조선 역사와 조선 지리도 계속 강의하였다.

용정 국민고등학교 학생들은 1939년 6월, 7일간의 동맹 휴학을 단행하였으며 1941년 7월에 학교 운영권이 위만 정부에 넘어가자 민족적 기개가 넘쳤던 교장과 교사들이 잇달아 사직하는 것으로 학교에 대한 일제 통치를 반대하였으며, 전교 학생들도 하루 동안 동맹 휴학을 단행하였다.(주필 조룡호·박문일, 172쪽)

일제 시대 반일 사상 고취에 역점을 둔 조선족의 민족 교육은 역사에 어떤 발자취를 남겼을까? 비록 장황하기는 하지만 한 학자의 평가를 직접 들어보기로 하자.(황유복, 7~8쪽)

첫째, 다른 이념과 신앙을 갖고 있으며 다른 기간에, 다른 지역에서 이민 온 사람들이 낯선 이국 땅에서 만나 하나로 단합할 수 있었던 공통 분모가 되었다.

둘째, 민족 교육은 일제의 만주 강점 시기(1931~45)에 실시된 식민지 교육과 강제 동화 정책을 극복하고 민족 정신과 민족 문화를 보존할 수 있게 된 정신적인 힘이 되었다.

셋째, 조선족들에 대한 현지 중국인들의 부정적인 시각을 긍정적인 시각으로 바꾸게 하는 데 중요한 역할을 하였다. 일제의 민족 이간 정책 때문에 조선족 이민에 대한 현지 중국인들의 시각은 일제의 침략과 연관된 부정적인 측면이 많았지만, 반일 민족 교육과 반일 운동은 현지인들의 시각을 완전히 바꾸어 놓았다.

넷째, 반일 민족 교육은 수천, 수만의 청장년들에게 항일 무장 투쟁을 하게 하였다.

1945년 조선족의 집단 거주 지역인 연변도 일제로부터 해방이 되자 조선족 대중들의 교육에 대한 열정은 더욱 높아졌다. 민간에서는 동사회董事會, 후원회後援會, 가장회家長會 등을 설립하여 자금을 모아 학교 교육을 지원하고 발전시켜 사립 중·소학교가 우후죽순처럼 세워졌다.(정신철, 212쪽)

1949년 중화인민공화국이 건국된 이후에는 연변 자치주의 민족 교육이 빠른 속도로 발전하였다. 교육을 중시하는 민족적 전통이 변함이 없었는데다, 정부가 소수 민족 교육을 지원함에 따라 이전에 비해 교육 상황이 크게 달라졌다. 연변 지역 조선족의 학령 아동 입학률은 이미 1952년도에 90%를 넘어서 초등 교육이 보편화 되었으며 중국에서 처음으로 소학 교육을 국민 의무 교육화하였다. 1958년도에는 초중(중학교) 입학률도 95% 이상이 되어 초중 교육 기반도 공고하게 다져졌다.

한편 1995년도의 통계 자료를 보면 학령 전 입학률은 99.8%에 달해 거의 모든 아동들이 기초 교육을 이수하고 있으며 고등학교 입학률도 무려 72%에 이르렀다. 그런가 하면 10만 명 당 전문대학 이상 졸업자는 3,037명으로 전국 평균의 2.1배이다.(주필 조룡호·박문일, 433쪽) 조선족의 민족 교육은 중국 소수 민족 교육의 모범으로 평가된다.

우리 조선족들은 한족과 달리 자녀를 2명까지 낳을 수 있지만 대부분 하나만 낳는다. 그렇게 하도록 강요하는 사람이 없다. 오히려 두 명을 낳도록 장려하지만 우리는 그렇게 하지 않는다. 왜냐하면 자식을 둘이나 낳아서 제대로 교육시킬 경제 형편이 못 되기 때문이다. 자식을 대학까지 확실히 교육을 시키기 위해서는 어쩔 수 없이 하나를 낳을 수밖에 없다.

어느 주부의 말처럼 자녀 교육 문제가 가족 구성에까지 영향을 미치니 조선족이 교육을 얼마나 중시하는지 실감할 수 있다. 오늘날 조선족 사회에서는 모든 아동들이 적어도 초등 교육 과정을 완전히 이수하며 그들 대부분은 중학 과정도 마친다. 만약 이들이 모두 민족 학교에서 교육을 받는다면 조선족 사회가 정체성 문제로 고민할 필요는 없을 것이다.

그러면 연변 지역 민족 소학교와 고중(고등학교) 교육은 구체적으로 어떻게 이루어지고 있을까? 이를 살펴보는 것도 의미가 있을 것이다. 먼저 소학교의 전반적인 교육 내용을 보도록 하자.

언어 교육의 경우 1학년은 민족어와 한어 시간을 주당 각각 6시간과 5시간으로 편성하여 민족어 교육에 다소 많은 비중을 두고 있다. 2학년부터는 민족어와 한어 시간이 각각 4시간과 6시간으로 오히려 한어 비중이 높다. 중국에서 생활해야 하는 중국 인민으로서 한어를 능숙하게 구사하는 것이 필수적이라고 여겨서 이렇게 시수를 배정하였다고 한다.

그리고 〈품성과 생활〉 등 각 교과목에 포함된 교과 내용을 중심으로 민족 자긍심을 고취시키는 교육을 한다. 그렇지만 별도의 독립된 과목을 두고 민족 교육을 하지는 않는다. 모든 강의와 칠판 필기는 민족어로 한다.

조선족 민족 고등학교는 어떻게 교육을 할까? 연변 조선족 자치주 내에서 가장 우수한 학교로 평가되는 연변 제1중학(고등학교 과정)을 들여다보자.

연변 제1중은 조선족 민족 교육을 위해 1952년 11월 16일 연길시 내에 있는 현재의 위치에서 개교했다. 현재 고중(고등학교) 과정만 설치되어 있으며 2003년 12월 현재 1학년 20개, 2학년 18개, 3학년 14개 등 모두 52개 학급에 학생 수는 2,840명에 이른다. 교직원도 172명이나 되는 대형 학교이다. 졸업생들은 연변 지역 각 부문에 걸쳐 주요 역할을 하고 있다.

'민족의 영재를 양성하는 기지 학교', '전국 일류 수준의 명문 학교', '개방된 세계인으로의 양성'을 기치로 학생들을 교육하며 졸업생의 95% 이상이 대학에 합격한다. 이 가운데 중국에서 명문 대학으로 알아 주는 청화대와 북경대에도 해마다 20명 가까이 입학을 하기 때문에 학생들의 자부심은 대단하다.

1학년의 주간 단위 수업 시수를 보면 정치 2시간, 민족어 2시간, 한어 4시간, 외국어(영어) 5시간, 수학 6시간, 물리 4시간, 화학·생물·역사·지리가 각 3시간, 체육 2시간, 컴퓨터 2시간, 그리고 미술 혹은 음악이 1시간으로 모두 39시간이다. 학생들의 수업 부담을 덜어 주기 위해서 최근에 민족어 교육 시간을 3시간에서 2시간으로 줄였다. 그런데도 수업 시간은 한족 학교에 비해 여전히 주당 서너 시간이 많다.

교사들은 모두 조선족이다. 강의는 민족어로 하고 우리 글로 된

연변 제1중학 '민족의 영재를 양성하는 기지 학교', '전국 일류 수준의 명문 학교', '개방된 세계인으로의 양성'을 기치로 학생들을 교육하며 졸업생의 95% 이상이 대학에 합격한다.

교과서를 사용한다. 다만 판서는 한자로 하고 관련 서적도 한어 참
고서를 이용하도록 한다. 한어 해득 수준을 높이기 위해서다. 민족
학교인데도 민족 역사를 별도 정규 과목으로 편성하지 않는다. 대학
시험을 끝낸 3학년생이나 특수한 경우 전교생을 대상으로 특강을
실시하는 정도이다. 그렇지만 같은 민족의 교사와 학생들이 함께 생
활하다 보면 자연스레 민족혼이 체득된다.

이 학교는 6백여 명 수용 규모의 기숙사를 두어 연길시 이외 지역
출신 학생들의 편의를 돕고 있다. 기숙사 학생들은 학교 내 식당에
서 식사를 해결하고 그렇지 못한 학생들은 집이나 인근 음식점을 이
용한다. 한국의 경희여고·창신고·화수고와 자매결연을 하고 교류를
한다. 북한 학교와도 자매결연을 추진했지만 북한의 소극적인 태도
로 이루어지지 못하고 있다고 한다. 특이한 것은 한족 학생들도 일
부(당시 16명) 재학하고 있다는 점이다. 이러한 현상은 한·중 두 나
라 관계가 밀접해지면서 다른 조선족 학교에서도 찾아볼 수 있다.

조선족들은 자녀를 반드시 학교에 보내되 우수한 학교에 보내기
위해 안달을 한다. 높은 교육열의 반영이다. 예나 지금이나 변함없
는 조선족의 높은 교육열은 어떤 특징을 지니고 있을까? 다음과 같
이 지적하는 학자도 있다.(박태수·김영림, 326~7쪽)

첫째, 중국에 이주한 후 개척의 그 어려웠던 나날에도 정착할 거
처가 있게 되면 먼저 마을마다 서당, 사숙을 꾸려 자녀 교육을 진행
하였다. 그때로부터 지금껏 교육에 대한 열정만은 식지 않은 장기적
인 지속성. 둘째, 중국 조선족의 교육열에는 우리 민족의 얼이 숨쉬

고 있는 민족얼의 침투성. 셋째, 중국 조선족의 교육열은 일부 계층이나 일부 사람들에게만 국한되는 것이 아니라 하나의 전통으로서 전민적인 보편성을 지닌다.

사실 얼마 전까지만 해도 조선족이 집단 거주하는 연변 지역에서는 자녀를 조선족 학교에 보내 민족 교육을 시키는 것을 당연시하였다. 그런 분위기를 만족시킬 여건도 충족되었다. 유아 교육, 기초 교육에서부터 고등 교육에 이르기까지 민족 학교가 체계화되었고, 사회 교육과 특수 교육까지 보급되었다. 민족 학교용 교과서 편찬과 출판 여건도 갖추어졌다. 민족 교육을 발전시킬 기반이 완비되어 민족 교육에 큰 어려움이 없었던 것이다.

연변은 반세기에 걸쳐 민족 교육을 실시할 수 있는 기반, 하드웨어를 완전히 갖추었다. 그 중심이 자치주의 수부 도시인 연길이다. 교육만 보면 연변은 한 국가 단위의 교육 체계와 다르지 않다. 문제는 그것을 대중들이 어떻게 받아들이고 있으며 그 시스템을 어떻게 운용하느냐 하는 점이다.

그러나 오늘날 조선족의 민족 교육은 이전과 사정이 크게 달라졌다. 기존의 민족 학교가 없어지고 민족 학교가 있더라도 한족 학교를 선호하는 경향이 농후해졌다. 이는 민족 교육의 위기일 뿐 아니라 민족 존립에도 적신호로 작용한다. 민족 교육이야말로 소수 민족 사회가 하나의 민족 공동체로 계속 유지되느냐 하는 문제와 결부되

어 있기 때문이다. 역사가 그것을 말해 준다. '제5장 조선족 사회의
위기 현상'에서 이 문제를 구체적으로 다루기로 하자.

2. 최초의 민족 대학 연변대학

해방 이후 조선족 사회에서는 민족 정체성을 보존하기 위해서 조
선족 전문 인재를 양성해야 한다는 의견이 곳곳에서 개진되었다. 특
히 조선족이 가장 많이 사는 연변에서는 1948년에 이르러 적지 않
은 조선족 중학교의 고중반(고등학교 과정) 학생들이 속속 졸업을 하
게 되어 이들을 어떻게 상급 학교에 진학시킬 것인가 하는 점이 과
제로 대두되었다. 더욱이 연변 지역은 그 무렵 조선족 인구가 절대
다수를 차지하고 있어 민족 자치가 예상되었지만, 민족 자치를 실시
하는 데 필요한 고급 전문 인재가 턱없이 부족한 실정이었다.

이에 따라 이 기회에 민족 대학을 꾸려 보자는 의견이 제기되기
시작하였다. 림춘추는 이러한 여론에 따라 그 해 10월에 지역 유지
인사들을 모아 좌담회를 열고 민족 대학 창립 가능성 문제를 토론하
였다. 그때 많은 사람들이 비록 곤란은 있겠지만 무슨 일이나 시작
이 절반이라고 시작해 보는 것이 좋겠다는 생각을 비쳤다. (박정근·윤
광수, 304~305쪽) 마침내 중공 연변 지방 위원회는 1948년 10월 조
선족 간부를 양성할 목표로 민족 대학을 창립할 것을 결정하고 중공
길림성 위원회의 동의를 받아 냈다.

중공 연변 지방 위원회는 이 해 12월 하순에 림춘추를 주임으로, 림민호를 부주임으로 하는 준비위원회를 구성하고 본격적으로 대학 설립 작업에 들어갔다. 당시 상황은 정부 당국으로부터 특별히 재정 지원을 받아 낼 형편이 아니었다. 그래서 모든 조선족들이 자발적으로 쌀과 돈, 학교에 필요한 물품을 무상으로 내 놓았으며 모국 '조선'에서도 학교를 짓는 데 도움이 되도록 시멘트를 원조해 주었다. 대학 명칭은 처음에 〈동북 조선인민대학〉으로 하기로 하였으나, 일반적으로 대학이 위치한 지역의 이름을 따는 것이 마땅하다는 동북 행정 위원회의 의견을 받아들여 〈연변대학〉으로 확정하였다.

그리하여 마침내 1949년 3월 20일 연길시 스탈린 극장에서 역사적인 개교식이 열렸다. 개교식에는 새로 입학한 학생과 초빙된 교직원, 동북 각지의 조선족 대표들이 참석하여 중국 소수 민족 가운데 처음으로 자기 민족 대학을 설립하는 기쁨과 흥분으로 넘쳐 났다. 연변대학의 설립으로 조선족 민족 학교 교육망이 소학교부터 대학에 이르기까지 전 체계가 기본적으로 확립되었다. 중국 조선족 교육 사의 새 기원이 열린 것이다.

이렇게 난관을 뚫고 민족 대학이 개교했다는 소문이 만주 지역 조선족 사회에 순식간에 퍼졌고, 민족 대학에서 공부하는 것이 모든 조선족 학생들의 꿈이었다고 한다.

개학 당시 정식으로 초빙된 교원은 모두 46명이고 간부는 11명, 입학 학생 수는 451명이었다.(정판룡②, 55쪽) 초기에는 대학 교수로 임용할 만한 인재가 없었기 때문에 중학교는 물론이고 동북 각 지방의 기관 단체에서 근무하던 조선족 지식인들과 미처 귀국하지 못한 일본인 과학 기술자들을 교수로 초빙하였다. 학생들이나 학교 사정도 말이 아니었다. 교과서조차 없어 학생들은 교수 강의를 일일이 필기를 해야 했으므로 '선생은 유성기요, 학생들은 등사기'라는 말이 나돌았다고 한다.

그렇지만 중국 정부는 최초의 민족 대학인 연변대학에 대해 큰 관심을 나타내었다. 1962년 6월 주은래 총리가 연변대학에 와서 학교 시설을 일일이 시찰한 뒤 학생들과 교직원들을 고무·격려하였으며 1964년 7월에는 전국 인민 대표회의 상무위원회 위원장 주덕과 국가 부주석 동필모가 연변대학을 시찰하였다. 호요방은 당 중앙 총서

연변대학 1949년 3월 20일 개교하여 올해로 55주년을 맞은 연변대학. 연변대학의 설립으로 조선족 민족 학교 교육망이 소학교부터 대학에 이르기까지 전 체계가 기본적으로 확립되었다.

기로 있던 당시 연변에 와서 "민족 인재를 힘써 양성하자."라는 글을 써 주었다. 또한 중공 중앙 총서기 강택민은 1991년 1월 연변대학을 방문하여 실험 설비, 학습 조건이 좋다고 치하하였다.(중국조선민족발 자취총서6, 486~487쪽)

연변대학은 민족 종합 대학으로서 혁명 사상과 전문 지식을 소유한 조선민족 국가 건설 인재와 민족 지구 건설 인재를 양성할 목적으로 초기에 문학부, 이공학부, 의학부와 농업 단과를 설치하였다. 1958년에 국민 경제와 사회 발전의 필요에 따라 연변대학, 연변의학원, 연변농학원, 연변공학원 등 4개 대학으로 분리되었다.

1996년에는 중국 대학 교육 체제 개혁에 따라 국가 교육 위원회의 비준을 받아 연변대학, 연변농학원, 연변의학원, 연변사범고등전과학교, 길림예술학원 연변분원 등 5개 학교가 정식 합병을 하여 새로운 연변대학을 만들었다. 그리고 얼마 지나지 않아 연변과학기술대학도 합병을 하였다. 합병을 통해 거대 대학이 된 연변대학은 '국가 211공정'(중국 정부가 21세기에는 100개 대학을 선정하여 중점적으로 지원, 육성하겠다는 정책) 중점 건설 대학으로 확정되어 명실상부한 중국 국내 100대 대학에 진입하였다.

현재 14개 단과 대학에 학생 수는 19,000여 명이며 그 중에 박사·석사 연구생이 1,300여 명, 외국 유학생이 400여 명에 이른다. 대학 출판사는 910종의 도서를 편집·출판하여 민족 문화 창달에 기여하였으며 도서관은 153만 권의 장서를 보유하고 있다. 특히 한국과 '조선', 중국 조선족에 관한 자료가 풍부하며 그동안 깊이 있는 연구가 진행되어 중국 국내에서 한국과 '조선' 관계학의 메카로 자리 잡았다. 중국 전체 중점 대학의 한국학, 조선학, 동북아 연구에 종사하는 핵심 인재의 80%, 전국 대학의 한국어·조선어과 인재의 90% 이상이 이 학교 출신이다.

그간 각종 민족 고급 인재를 양성하여 사회에 진출시켰는 바, 그들은 연변 조선족 자치주와 중국 각지에서 어엿한 민족 간부로 활약한다. 중국에 사는 우리 민족이 근 200년의 이민 역사를 갖고 있으면서도 오늘날까지 대다수가 우리 말과 글을 잊지 않고 민족 문화 전통을 그대로 보존할 수 있게 된 데는 연변대학의 역할이 컸다는 것은 누구나 다 아는 사실이다.(정판룡①, 286쪽)

현재 북경대학과 복단대학, 길림대학, 하얼빈 공업대학 등 중국 국내 저명 대학들은 물론 서울대학교와 김일성종합대학, 미국 캔사스대학, 일본의 명치대학 등 7개국 40여 개 대학교와 자매결연을 하여 교류하고 있다.

연변대학은 그동안 적잖은 시련을 겪었다. 특히 문화대혁명 시기에는 큰 홍역을 치렀다. 민족 분열주의를 조장하는 검은 거점으로 보고 민족 대학을 박살 내야 한다는 비난을 들어야 했다. 학생들의 민족 구성 비율이 문화대혁명 전에는 조선족이 80% 전후, 기타 민족이 20% 전후였던 것을 정반대로 만들었다. 교원·간부의 구성 비율도 조선족이 80%이던 것을 문화대혁명 기간에는 50%로 규정하였다. 그리고 민족 대학의 특성을 반영하는 조선어 학과와 한어 학과가 폐지되기도 하였다.(주필 조룡호·박문일, 337-338쪽)

연변대학의 발전 목표는 21세기 동북아 시대를 맞아 민족 고급 인재를 양성하는 기지로 발전시키고 지방 경제와 사회 발전을 위한 전진 기지로 건설하는 일이다. 현재는 언어학, 문학, 역사에 커다란 비중을 두고 있지만 중국 조선족 사회의 현실 문제와 주변 국가들의 정치, 경제, 문화, 법률 등의 분야에 대한 연구가 상대적으로 적다. 지정학적인 측면과 두만강 하류지역 개발에 따른 수요에 대처하려면 동북아 각국의 정치 환경, 문화 환경, 법률 환경에 대한 연구가 뒤따라야 할 것이다.(김강일①, 219쪽)

3. 연변 과학기술대학의 기적

오늘
여기 중국 길림성 연길시 북산가 언덕, 공동묘지.
송장이 썩어가고 있었습니다. 해골이 뒹굴고 있었습니다.
이 해골 골짜기 현장에서 저희는 오직 그분의 힘만 믿고 외치었습니다.
"해골 골짜기야,
죽음에서 부활하라."
과연 기적이 일어났습니다.
새로운 신화가 창조되었습니다.
해골 골짜기에 꽃이 피고 새가 지저귀고 청춘 남녀들의 노래 소

리가 메아리치고 웃음소리가 넘쳐납니다. 새로 태어난 큰 군병들
이 꿈을 꾸고 비젼을 가지고 환상을 봅니다. 뜨거운 정열로 내일
을 열어가고 있습니다.(연변과학기술대학 10년의 이야기, 간행사에서)

　　대외적으로 '연변 과학기술대학'으로 불리는 이 학교의 공식적인
명칭은 〈연변대학 과학기술학원〉으로 연변대학에 소속된 하나의 단
과 대학이다. 그렇지만 인사, 재정 등 대부분 분야에서 독자성을 지
닌 중국의 사립대학이다.

　　이 대학 설립을 학교 측은 기적이라는 말로 표현한다. 김일성도
생전에 중국에 대학을 설립해 운영해 보려고 무던히 애를 썼다고 하
지만, 끝내 그의 소망을 이루지 못하였다. 그런데 사회주의 중국에
서 한 무명의 재미동포가 뜻을 이루어 냈으니 기적이라 부르는 것이
다. 김진경! 그는 누구이며, 무엇을 위해 중국 땅에 대학을 세웠을
까? 김진경의 개인사를 통해 학교 설립 취지에 접근해 보도록 하자.

　　김진경은 1935년 9월 16일 경상남도 의령에서 아버지 김수만과
어머니 조형순 사이에 넷째 아들로 태어났다. 독실한 기독교 가정에
서 어렸을 적부터 기독교적 분위기에서 자라났으며 신앙은 일평생
그의 삶에 지대한 영향을 미쳤다. 세 살 되던 해 어머니와 함께 고향
인근 마산으로 이사를 했다. 이때 그의 아버지는 중국 흑룡강성 목
단강시 신안진에서 농업학교를 운영하고 있었다고 한다.

　　그는 어린 나이에 아버지를 찾아 만주로 오가면서 중국으로 향한

꿈을 다지게 된다. 마산 창신중학교에 다니던 해 한국전쟁이 발발하자 만 15세의 나이로 학도병에 지원해 대한민국 국군 사상 최연소 군인이 되었다. 휴전으로 제대를 한 그는 학업을 계속해 1954년 서울에서 다시 문을 연 숭실대학 철학과에 입학한다. 그래서 이 대학의 제1회 졸업생이 되었다.

대학을 졸업한 김진경은 잠시 여학교 교사 생활을 하다가 1960년 영국 유학길에 나서 크립톤(Clifton) 대학을 졸업하였다. 학교 역사상 최초의 동양인 졸업생으로서 졸업 연설을 하는 영광을 안았다.

중국에는 우리 민족이 2백만 명이나 살고 있다. 이들은 가난과 억압을 피해 조국을 떠났다가 모진 고생을 했다. 우리 슬픈 역사의 피해자들이다. 나는 이들을 위해 일하겠다. 중국은 체제가 달라 내가 갈 수 있는 길이 없다. 하지만 내 나름대로 준비하겠다. 내 꿈은 한국에서 일하는 것이 아니다. 넓은 중국 대륙에서 일하고 싶다.

졸업 연설에는 소학교 시절 만주 땅을 오가며 다졌던 중국으로 향한 꿈에 대한 강렬한 의지가 담겨져 있다.

유학을 마친 그는 1964년 귀국하여 부산에서 현 고신대학의 전신인 칼빈 대학을 설립하여 교수부장으로 봉직하다가 1969년 다시 미국 유학 길에 오른다. 1974년 미국 베리안 대학에서 철학 박사 학위를 받고 플로리다주에 정착하여 대학 강사 생활을 하면서 사업도 하고 미국 시민권도 획득하였다.

중국이 개혁 개방 정책을 실시한 이후인 1985년 그는 중국 사회
과학원의 초청으로 처음 중국을 방문하였다. 그 후 산동성 사회과학
원의 연구 교수로 정식 초청받아 중국을 보다 쉽게 드나들 수 있는
발판을 구축하였다. 1988년 6월에는 그 과학원의 특요연구원特邀研
究員이 되어 중국에서 꿈을 펼치는 데 결정적인 기회를 잡았다. 그의
원대한 구상을 실천하기 위한 신분적인 장치가 마련된 것이다.

이때 그는 연변 지역을 자주 왕래하면서 연길에 학교를 세우기로
결심했다. 왜냐하면 연변은 조선족의 집단 거주지로 조선족의 중심
이라는 상징성을 지닌 곳이기 때문이다. 게다가 연변은 두만강 유역

연변 과학기술대학 연변의 기적으로 불리는 이 대학은 중국의 명문대학으로 성장했고, 조선족 사
회의 구심점으로 자리 잡고 있다.

의 배후 기지로서 한반도와 중국, 러시아를 잇는 삼각 요충지로 동북아시아 경제 교류의 중심이 될 것이라고 판단하였다.

그러나 외국인이 대학을 설립한다는 선례가 없는 이 일이 사회주의 국가 중국에서 쉽게 풀릴 리가 없었다. 갖은 고생 끝에 1989년 2월 4일 연길시 정부 시장과 뉴요커 주식회사 김진경 사장 사이에 '연변조선족 기술전과학교 합작 설립에 관한 협작서'가 체결되었다. 이 협작서는 1989년 10월 23일 연길시 정부와 체결된 '연변 조선족 기술대학 설립 계약서'로 한 단계 발전된 형태로 변했다. 1992년 9월 성省 정부의 허락이 떨어지자 시 정부는 일을 빨리 진척시켰다.

1992년 9월 16일 마침내 연변 과학기술대학이 첫 문을 열었다. 비록 정식 대학이 아닌 연변 과학기술대학 부속 산업기술훈련학교의 개교였지만 그 감회는 무엇에 비유하랴.

이날 총장의 개교 식사를 잠깐 인용하도록 하자.

여기 웅장하게 들어선 이 본부동, 학사동, 저기 기숙사동을 이루고 있는 벽돌 한 장, 유리 한 장 모두가 이웃을 위해 아무런 조건도 없이 이 나라의 과학 기술의 발전과 연변 동포의 풍요로운 삶을 위해 자신이 가진 것을 아낌없이 내놓은 사랑주의자들의 뜨거운 신념의 증거물입니다. 이러한 사랑의 뜨거운 의지가 학생 여러분의 무한한 창의력을 경쟁으로 이끌어서 조국과 세계 인민들의 풍요로운 삶을 창조해 낼 위대한 과학자와 기술자가 이 북산가 언덕에서 배출될 것을 믿어 의심치 않습니다.

이듬해 9월 9일 4년제 대학 본과생이 입학을 함으로써 학교는 새로운 기원을 열었다. 이 날의 개교는 단지 학교 차원을 넘어 전 연변 자치주와 연길시의 경사로 치러졌다고 한다.

1996년 들어서 연변 과기대는 일대 전기를 맞는다. 그것은 연변 대학과 합병하는 일인데, 당시로서는 위기로 받아들여진 사건이었다. 그러나 합병을 하지 않으면 안 될 사정이 있었다.

첫째, 아직 국가급 대학으로 승격되지 못해 졸업생들은 국가로부터 정식 대학 졸업 인정을 받지 못하여 학교 당국도 내심 불안해 하였다. 둘째, 중국 당국이 이 학교에 대해 경계심을 늦추지 않았다. 이 학교가 기독교의 배경을 갖고 있고, 경비와 교사 초빙을 중국 당국이 알지 못하게 하며, 외방이 교장을 맡고 외국 교직원이 차지하는 구성 비율이 너무 높아 중외 합작 판학의 우리 위주 원칙을 실현하지 못하고 있기 때문이다. 또 종교 영향과 민족주의 영향이 큰 학교라고 지적하였다. 이에 대한 주의 차원에서 연변 지역 연합 대학에 들어가라는 충고를 받게 된 것이다.

또한 당시 중국 정부가 21세기에 전국의 100개 대학을 골라 중점 육성하겠다는 '211공정'이 영향을 끼쳤다. 연변대학이 연변의학원과 연변농학원, 길림예술학원, 연변사범전과학교를 합병하고도 중점 대학에 선정될 가능성이 별로 높지 않자 연변과학기술대학도 동참하라는 압력이 가해진 것이다. 결국 대외적으로 독립적인 명칭과 운영 체계를 유지한다는 전제하에서 합병을 결정하였다.

합병을 통해 연변과기대는 비로소 국가가 인정하는 완전한 4년제

정규 대학이 되었으며 국가초생이 이루어졌다. 중국에서는 고교 졸업생이 대학을 미리 정해 놓고 국가가 주관하는 시험을 치르며 그 후에는 국가가 통일적으로 사정을 하게 되는데 이것이 중국 특유의 대입 방식인 '국가초생제도'이다. 이렇게 모집된 학생들은 먼저 연변대학에서 전체적인 입학식을 하고 1996년 9월 12일 과기대에서 따로 입학식을 치렀다. 이때는 신입생을 맞는 학교의 태도도 자신감으로 넘쳤다. 총장의 환영사를 한번 보자.

> 이 대학에 있는 동안 이 대학이 가르치는 것을 그대로 따라가면 여러분의 인생은 보장받는 인생이 될 것입니다. 여러분은 중화인민공화국의 지도자가 될 뿐만 아니라 60억 인류 사회의 견인차 역할을 할 것이고 각 분야의 일인자가 될 것입니다. 오늘 여러분들이 역사를 이루어 가는 역사의 주인공이 될 것입니다. 여러분이 이 대학에서 열심히 공부하고 인격을 연마할 때에 여러분들은 당당한 세계의 일원이 될 것이며 지도자가 될 것입니다.

국가초생이 이루어진 이후 첫 입학식 자리에는 북한에서도 몇몇 사람이 참석하여 축하를 해 주었다. 북한과의 관계는 지금도 계속 이어져 교육 관계 인사들이 학교를 종종 방문한다. 이 학교는 한국의 대학과 교환 학생 제도를 운영하고 있다. 1988년 3월 포항의 한동대학 학생 5명을 교환학생으로 받아들인 이후 해마다 한국 대학생들이 전공 과목은 물론이고 한어(중국어)와 영어 등의 과목을 수강한다. 또한 한국 각 대학에 교환 학생을 파견한다. 과기대 학생들은 재학중 한국인 교수의 영향과 한국에서의 교환 학생 활동을 통해 한국을 보다 깊이 이해하게 된다.

현재 생물화공학부, 정보통신공학부, 건축학부, 기계자동화공정학부, 상경학부, 외국어학부, 간호학부 등 7개 학부, 14개 과로 구성되어 있다. 2002학년도 겨울 학기 학생 정원은 1,400여 명이다. 재학생들의 민족과 국적을 보면 다음과 같다.

[표8] 연변 과학기술대학교 재학생의 민족 및 국적 구분

민 족	조선족	한 족	만주족	요 족	장 족	몽골족	
	1,193	209	12	1	1	2	
국 적	한 국	우즈베키스탄	러시아	타지크스탄	하자크스탄	몽 골	미 국
	13	13	4	1	3	2	1

여기에서 우리는 구 소련 출신 학생들을 주목할 필요가 있다. 이들은 모두 우리 민족인 고려인들이다. 학교 측은 고려인들이 중앙아시아로 강제 이주된 후 민족성을 상실해 가는 점이 안타까워 이들의 자녀에 관심을 갖고 있다고 한다. 앞으로는 일본 지역의 조선인, 즉 재일 조총련계 학생들도 입학시킬 계획이다. 소외된 해외 동포들의 자녀를 이 학교가 보듬어 안는 셈이다.

연변 과학기술대학에 대한 중국 내의 평가도 매우 호의적이다. 졸업생들은 한국계 업체를 비롯해 전국 각지, 각 분야에서 능력을 인정받고 있다. 졸업생을 한번 채용한 업체는 계속해서 이 학교 출신

을 선호할 정도로 기업체의 평가가 좋다. 특히 지역 주민들의 애정
은 상상을 초월한다.

여기서 한 조선족 학자가 내린 연변과기대에 대한 평가에 귀 기울
여 보자.(리홍우②, 162-4쪽)

첫째, 이 대학은 진정한 우리 민족 대학이다. 총장으로부터 교원
에 이르기까지 모두 우리 민족이고 학생들도 그러하며 강의는 모두
우리말로 한다.

둘째, 이 대학이 설립되고 운영됨으로써 민족 언어의 사용 범위가
넓어졌고, 사용 수준도 더 높은 차원으로 부상하였다. 민족어는 대
학의 이공과 용어가 되었으므로 이 대학은 우리 민족 언어 발전의
터전이라고 할 수 있다.

셋째, 이 대학은 우리 민족 경제 발전을 위하여 고급 기술 인재를
양성하고 있다. 졸업생들은 영어와 컴퓨터 기술을 전공하였고, 이론
지식과 실제 응용 기술을 모두 배워 고급 기술 인재가 될 수 있는 기
반을 닦게 되었으며 우리 민족의 경제 발전과 동북아 지역 개발을
위해 주력군으로 나서게 될 것이다.

넷째, 이 대학은 우리 민족 성격의 개조와 구축, 가치관 정돈에 기
여하고 있다. 조선족들을 역사의 피해자로 간주하고 도와야겠다는
의무감으로 자기 재산 전부를 대학 창립에 헌납한 애족심과 헌신 정
신, 조선족을 중국과 동북아 발전의 주역으로 등장시키려는 큰 포부
를 품고 훨씬 낮은 월급을 받으면서도 학교를 꾸려가는 총장과 교원
들의 고상한 정신은 우리 민족의 가치관을 정돈하는 데 모델 역할을

하는 것이다.

그러나 이 학교는 존립과 결부되는 몇 가지 중대한 문제점을 안고 있는 것이 사실이다. 첫째, 무엇보다 확실한 재원을 확보하는 문제이다. 이 학교는 처음부터 포항 제철, 현대 자동차 등의 기업과 대형 교회에서 쾌척한 기부금으로 설립되었고 지금까지도 독지가와 후원자의 도움으로 운영된다. 이런 도움은 언제 끊어질지 모르고 규모도 일정하지 않기 때문에 장기적이고 체계적인 학교 발전 전략을 수립하는 데 장애가 된다. 따라서 학교 운영을 뒷받침할 수익 사업을 창출하는 일이 급선무이다.

둘째, 포스트 김진경에 대비하는 일이다. 학교를 후원하는 사람들이나 장기 봉사하는 교직원들 가운데는 김진경이라는 자연인의 신념과 열정에 감동되어 그를 믿고 물질적으로, 육체적으로 봉사하는 이들이 적지 않다. 그리고 학교의 모든 운영과 장기 계획이 총장 한 사람의 손에 달려 있는 실정이다. 그렇다면 과연 포스트 김진경 시대에도 지금처럼 학교 재원으로 충당될 만큼 후원이 이어지고 정상적으로 발전될 수 있을지 의문시된다.

셋째, 건학 이념을 어떻게 계승하느냐가 과제이다. 당초 중국 측과의 계약에 따라 40년 후에는 아무런 조건 없이 중국 측에 양도하여야 한다. 중국 측에 넘긴 이후에도 과연 설립 취지와 건학 이념이 구현될 수 있을지 장담하기 어렵다. 또 지금처럼 한국과의 교류가 활발하고 민족 특성을 계속 유지할 수 있을지도 의문이다.

제4장 조선족 사회의 지도자들

다민족 사회에서 소수 민족이 오랜 세월 동안 민족 정체성을 유지하기란 그렇게 간단한 문제가 아니다. 정체성을 담보할 수 있는 요인으로는 여러 가지가 있겠지만, 그 가운데 하나는 민족종교가 있느냐 없느냐 하는 점이다. 주위를 둘러보면 종교가 같은 사람들끼리는 대체로 높은 동일체감을 갖고 있음을 볼 수 있다. 이와 마찬가지로 민족 성원들도 전 구성원들이 의탁하는 민족 종교가 있을 경우에 신앙의 힘이 보태어져 민족 정체성을 유지하기가 한결 수월하다. 속세에서 종교란 결집의 기능을 하며 소수 민족의 단결에도 주요 역할을 한다.

다른 또 하나의 요인은 민족 사회에서 추앙 받는 탁월한 민족 지도자가 존재하느냐 여부이다. 그런 지도자가 있다면 그 지도자를 중심으로 민족 사회 구성원들이 똘똘 뭉칠 수 있어서 정체성을 유지하기가 보다 쉬울 것이다.

다수 민족에 포위된 소수 민족 사회가 이 두 가지 요소만 구비하고 있더라도 민족 정체성을 보존할 가능성은 비교적 높다. 중국의 소수 민족 자치구 가운데 하나인 티벳 자치구는 라마교라는 민족 종교에다 달라이 라마라는 지명도 높은 민족 지도자가 있다. 따라서 이 민족은 어느 소수 민족보다 강한 민족의식과 정제된 민족 정체성을 보존하고 있으며 이를 토대로 줄곧 독립을 요구한다.

그 점에서 보자면 조선족 사회는 불행히도 전 민족 성원이 성심으로 받드는 민족 종교도, 전 민족의 신망을 받는 지도자도 없기 때문에 민족 정체성을 보존하기가 결코 쉽지 않다.

그러나 지도자의 개념을 어떻게 정의하느냐에 따라 다르겠지만, 조선족 사회에서도 나름대로 민족 사회를 이끌어 온 사람이 전혀 없었던 것이 아니다. 민족 전 구성원을 아우를 만한 인물이 아니더라도 자치주의 성립을 위해, 자치주의 발전을 위해 혼신의 노력을 경주했던 사람들, 최초의 민족 대학인 연변대학을 비롯해 민족 교육 발전을 위해 전력투구했던 사람들, 민족의 말과 글, 문화를 지키기 위해 헌신했던 사람들을 우리는 높이 평가해야 한다. 그들이 없었더라면 조선족 사회는 과연 어떻게 되었을까? 오늘날과 같은 모습을 기대하기 어려울 것이다.

조선족은 다민족 중국 사회에서 2백만이라는 수적 열세에도 불구하고 그 이상의 비중을 갖고 있다. 이는 모든 조선족들이 내 일처럼 나서서 민족 공동체의 역량을 키워 왔기 때문이지만, 각 부문에서 민족 자치 사회의 구심점 역할을 해 온 지도자의 힘을 과소평가해서는 안 된다.

여기서 조선족 사회 발전에 기여한 인물 가운데 몇몇 지도자를 탐색해 보기로 하자. 초기 조선족 자치주의 기반을 닦은 주덕해, 연변대학 교장을 지낸 림민호, 마지막 분대장 김학철, 그리고 대표적인 조선족 지식인으로서 민족의 스승으로 추앙 받는 정판룡. 이들의 공통점은 연변을 생활 무대로 하였다는 사실이다. 아무래도 지도자라면 특수한 경우를 제외하고는 그들의 삶과 행위가 영향을 미치는 지역에서 활동하는 것이 바람직하다. 조선족의 지도자라면 연변에서 활동하는 것이 당연한 일일 것이다.

그리고 생전에는 그릇의 크기에 걸맞는 평가를 받지 못하다가 사후에 존경의 염이 깊어진 사람들이라는 공통점이 있다. 연변 조선족들은 대개 생전에 이들과 접촉했거나, 입소문을 통해서라도 이들 이름 하나 하나를 모르는 이가 드물다. 이들의 이름을 거명할 때마다 조선족들의 얼굴에는 자부심이 넘친다. 특히 김학철, 정판룡 이 두 사람은 동시대 사람으로서 곧잘 비교되었다. 작가 류연산 씨는 이 두 분이 중국 조선족의 무대에서 각각 장엄한 희·비극의 주인공으로서 모든 조선족의 인생 모범이 되었던 인물로 평가한다.(류연산②, 215쪽)

이들 지도자들의 삶을 조명해 보면 생전에 이들이 제시하고자 했던 비전, 추구하였던 이상이 오늘날 조선족 사회에 어떤 기여를 했는지 알게 될 것이다.

1. 초대 자치주 주장 주덕해

주덕해(1911~1972) 연변에 온 주은래 총리(맨 오른쪽)를 모시고 시찰하는 주덕해(가운데)

연변 조선족 자치주 주도인 연길 시내 한복판에 있는 인민 공원에는 20m 높이의 기념비 하나가 우뚝 세워져 있어 사람들의 눈길을 끈다. 화강암 재질로 만들어진 이 기념비는 주덕해라는 인물을 기념한 비석으로 그가 서거한 지 14돌이 되던 1986년 7월 3일에 제막되었다. 중국의 지도자 호요방이 직접 비명을 쓴 것으로 유명하다. 호요방은 1984년 '조선'을 방문하고 북경으로 돌아가는 길에 연변에 들러 주덕해의 생전 치적을 높이 평가한 뒤 기념비를 세우도록 지시하였다. 이렇게 하여 조선족 사회 초기 지도자인 주덕해의 기념비가 건립되었다. 기념비는 모든 조선족이 그에 대하여 마음으로 존경을 담고 있는 상징이다.

당대 중국 최고 지도자가 기념비 건립을 지시하고 직접 비명碑名까지 썼다면 그 사람의 인물 됨됨이나 사회에 끼친 공로를 능히 짐작하고도 남을 것이다. 도대체 주덕해는 어떤 인물인가? 우리는 다시 1952년 9월 3일로 머나먼 시간 여행을 떠나보기로 하자. 물론 무대는 중국 조선족 사회의 서울인 연길시이다.

거리는 마치 명절 때처럼 화사하게 단장되었고 이른 아침부터 정렬을 한 붉은 넥타이 부대와 노동자, 농민, 기관 간부, 주민들이 질서 정연하게 인민 광장으로 모여들고 있었다. 행사장 연단 정면에는 '길림성 연변조선민족자치구창립대회'라는 글자가 선명히 걸려 있어 오늘이 무슨 날인지 짐작이 간다. 이윽고 8시

주덕해 기념비 그는 혁명가요, 정치가요, 교육자로서 파란만장한 생을 마감했다. 이 기념비는 모든 조선족이 그에 대하여 마음으로 존경을 담고 있는 상징이다.

30분. 너부죽한 얼굴, 억실억실한 눈의 한 사나이가 격정에 찬 목소리로 길림성 연변조선민족자치구 인민정부의 창립을 선포하였다. 그의 말이 떨어지자 대회장은 삽시간에 환락의 바다로 변하였다. 사람들은 환호하고 오랜 항일 전사들은 감격에 목이 메여 말 대신 서로 손을 부여잡고 축하의 인사를 나누었으며 할아버지와 할머니들은 기쁨을 이기지 못해 덩실덩실 춤까지 추었다.(주덕해의 일생 집필조, 230~231쪽)

이날 자치주의 창립을 선포한 이가 다름 아닌 주덕해이다. 원래 본명이 오기섭인 주덕해는 지하 활동을 하면서 강도일·김도순·오동원·오영일 등 여러 이름을 바꾸어 써 왔는데, 주덕해라는 이름은 1934년 서대림자 일대에서 항일 구국회 활동을 하면서부터 사용한 것이라고 한다. 이후로 그는 죽 이 이름을 썼다.

그는 1911년 3월 5일 러시아 원동 연해주의 한 산골 마을에서 오우서의 아들로 태어났다. 여덟 살 때 아버지가 토비에게 살해되자 살 길이 막막해진 어머니는 어린 그의 손을 끌고 원래 고향인 회령군으로 이사를 갔다. 불원천리 고향을 찾아 갔으나 피폐해질 대로 피폐해진 고향 땅은 그들에게 한 뼘의 땅도, 한 톨의 양식도 허용하지 않았다. 결국 고향에서도 도저히 살 길이 보이지 않자 어쩔 수 없이 또다시 세찬 겨울 바람을 맞으며 두만강을 건너 중국 화룡현 수동촌, 지금의 용정시 광신향 승지촌에 정착하였다.

정착한 이듬해 소학교에 입학하였다. 그러나 가정 형편이 어려워

4학년까지만 다니다 그만 두고 농사 일을 할 수밖에 없었다. 당시 형편이 어렵지 않은 사람이 없었다고 하지만 그의 집안은 특히 곤궁하였다. 이와 관련된 유명한 일화 한 토막이 아직까지 전해져 온다.

> 하루는 짚신이 다 닳아빠져 학교에 갈 때 신을 짚신을 삼다가 어찌나 곤했던지 한 짝밖에 삼지 못하고 기섭은 그만 잠들었다. 이튿날 하는 수 없이 한쪽 발엔 새로 삼은 짚신을 신고 한쪽 발에는 낡은 짚신을 신고 학교로 갔다가 아이들의 웃음거리가 되고 말았다.(박정근·윤광수, 165쪽)

비록 소학교를 졸업하지 못했으나 낮에는 일하고 밤에는 책을 손에서 떼지 않았다. 그러던 중 공립학교에 당의 지하공작원인 김광진이 교장으로 와서 야학을 꾸리자 그는 이 야학에서 혁명의 도리를 터득하고 청년단에 가입하면서부터 혁명의 길에 들어섰다.(전광하 편저, 121쪽) 1930년 혼사를 앞두고 조직 상부의 지시로 갑자기 마을을 떠나 영안 지구로 옮겼다. 이듬해 5월에는 중국 공산당에 가입하였으며 1930년에서 1936년까지 흑룡강성 영안, 밀산, 벌리 일대에서 항일 구국 투쟁을 하였다.

1937년에는 사회주의 수도이자 그들 사회주의자들 마음속에 승리의 상징으로 혁명의 등대와도 같은 모스크바로 향한다. 그곳 모스크바 동방노동대학에 입학한 주덕해는 〈소련공산당역사〉, 〈세계혁명운동사〉, 〈정치경제학〉, 〈사회발전사〉 등을 처음으로 체계적으로 공부하였다.

1939년 드디어 귀국하여 연안에 돌아온 후 팔로군 359려 련지도원으로 활동하다가 1943년에는 연안 조선족 혁명 군정 학교 총무처 처장직을 맡았다. 군정 학교는 중공중앙군위의 직접적인 지도 아래 조선 혁명을 위한 후비 간부를 양성하는 학교였다. 학생들은 대부분 항일 전선으로부터 왔는데, 조선의용군과 팔로군, 신사군 등 출신이 다양하였다.

1947년 동북 행정 위원회 민족사무처 처장, 1949년 3월에는 중공 연변지위 서기직을 맡았다. 그에게 뜻깊은 사건은 중국의 건국과 국가 대사를 논의한 중국 인민 정치협상회의 제1기 전국 위원회 제1차 회의에 참석한 일이다. 중국의 각계 각층 대표들이 참석한 이 회의에 참석함으로써 명실상부한 지도자의 반열에 올랐음을 공개적으로 인정받은 셈이다. 그는 국가 지도자들에게 동북의 120만 조선족 인민을 대표하여 그 회의에서 채택된 공동 강령을 지지하는 입장을 밝혔다.

그리고 1959년 9월 3일 연변 조선족 자치주 정부 주석 직무를 맡았다. 그 후 중공연변지위 제1서기 겸 주장 직무를 맡은 가운데 연변대학 교장직도 겸임하였다. 그는 여러 분야 가운데 특히 교육문제에 대해서는 나름대로 분명한 식견이 있었다. 큰일을 이룩하는 데는 사람이 근본이고 가장 귀중한 것은 인재이며 여러 방면의 인재가 있기만 하면 모든 일이 다 쉽게 풀린다고 늘 생각하는 사람이었다. 이런 생각으로 각지에 있는 우수한 인재들을 연변대학으로 초빙하였

고 그들이 열정적으로 일할 수 있도록 뒷바라지를 하였다.(주덕해의
일생 집필조, 180~181쪽)

　그러나 1950년대 후반 민족 정풍 때에는 지방 민족주의자로 찍혀
곤욕을 치렀으며 문화혁명 시기에는 중국 전역을 휘몰아친 광풍을
비켜 가지 못하였다. 군중 조직에 붙들려 연변대학 창고에 감금된
채 모진 박해를 수없이 받아야 했다.

　당시 중국에서는 노 간부들이 군중들 앞에 꿇어앉힌 채 주리를 틀
리며 물을 억지로 마셔야 하는 등의 가혹 행위가 비일비재하게 일어
났다. 중국 전체가 거대한 고문장으로 변하자 주은래 총리는 노간부
들을 보호하기 위해 이들을 북경으로 피신시켰다. 주덕해도 이때 북
경으로, 그리고 1969년에는 호북성 무한으로 옮겨졌다. 그러나 계
속적으로 조여드는 압박으로 심신은 지칠 대로 지쳐 결국 폐암이 발
병하였지만, 제대로 된 치료를 받지 못했다. 죽음을 앞둔 그는 부인
김영순에게 원통하고 분한 말년의 심경을 다음과 같이 토로하였다.

　　죽음에 대하여 그다지 놀라운 것으로 볼 게 있소? 날마다 사람
　　이 죽는 것을 보지 않소? 사람이 사노라면 어쨌든 죽는 날이 있게
　　되오. 난 지금 죽음의 고통을 생각하는 것이 아니라 죽음 후에 남
　　길 명성을 생각하오. 난 양심적으로 가책 받을 일을 안 했소. 당신
　　은 앞으로 아이들에게 아버지는 일생 동안 당과 인민에게 미안한
　　일을 한 일이 없다는 것을 알려 주오.(주덕해의 일생 집필조, 384쪽)

1972년 7월 3일 61세를 일기로 끝내 이승의 생을 마감하였다. 죽음이 임박한 순간까지도 연변의 산과 물, 풀 한 포기, 나무 한 그루를 가슴 깊이 사무치게 그리워하며 연변으로 돌아가고자 하였다. 아내와 세 아이들만 지켜보는 가운데 혁명가요, 정치가요, 교육자로서 파란만장한 생을 끝낸 그는 얼마나 회한에 사로잡혔을까?

4인방이 타도된 뒤 명예를 회복시키고 공적을 인정하는 조치가 취해졌다. 그러나 그것은 어디까지나 사후의 일이었다. 주덕해! 그는 혁명가이자 연변 조선족 자치주 초대 주장으로서 자치주의 기반을 닦은 조선족 지도자임에 틀림없다. 오늘날 조선족이 민족 정체성을 유지할 수 있었던 것이 자치주를 보유했기 때문이라면, 자치주의 기반을 닦은 주덕해야말로 그 공의 상당 부분을 차지해도 마땅하다. 물을 마실 때 우물을 판 사람의 공로를 기억해야 하듯이 그가 조선족 사회에 남긴 업적은 영원히 기억되어야 한다.

2. 민족 대학의 증인 림민호

한 세기가 넘는 이주 역사를 가진 중국 조선족 사회가 광활한 중국 대륙, 여러 민족들 틈에서 성취한 가장 자랑스러운 업적이 무엇이냐고 묻는다면 제각각 말을 달리 할지 모른다. 사람마다 어떤 면을 중시하느냐, 무엇을 추구하느냐에 따라서 대답이 달라질 수 있기 때문이다.

필자의 경우에는 단연 연변대学을 꼽는 데 주저하지 않을 것이다. 왜냐하면 연변대학은 중국 내 소수 민족 최초의 민족 대학으로서 조선족 사회의 정신적 요람이 되었기 때문이다. 이 대학은 각종 조선족 학교 교사를 양성해 왔고, 자치 사회의 많은 지도자를 배출해 냈다. 민족 문화의 전승자를 양성한 기지가 바로 연변대학인 것이다. 연변대학이 양성한 인재를 통해 조선족 사회는 민족적 정체성을 계승하고 자치 사회의 발전을 도모할 수 있었다.

연변대학 교정에는 림민호라는 인물의 조각상이 생기 발랄한 대학생을 항상 지켜보고 있다. 그는 저명한 교육자이자 연변대학 창시자의 한 사람이다. 또한 1920년대 초기에 벌써 고려공산청년회에 가입하였으며 1926년에는 조선공산당 만주총국 동만구 상무위원 겸 청년부장으로 임명될 정도로 연변 조선족으로서는 가장 일찍 혁명에 참가한 사람이기도 하다.

림민호는 1904년 함경북도 회령군 창두면 창태동에서 가난한 집안의 장손으로 태어났

림민호(1904~1970) 대학 교원과 학생들은 인간적으로 후덕하고 자애로운 그를 어버이처럼 존경하였고, 림 교장 역시 교직원과 학생들을 친형제, 친자식처럼 사랑하였다.

다. 그들 일가는 가난을 모면하기 위해 그가 태어나던 해 두만강을 건너 용정으로 이사하였다. 그는 열 살이 되어서야 장흥동소학교에 입학하여 반일 독립 사상을 가진 교사들로부터 역사와 어문, 지리 등을 배웠다.

소학교를 졸업한 뒤 가정 형편상 더 이상 진학을 하지 못하고 집에서 농사를 짓고 있던 중 연변 지역 조선인들이 본국의 3·1 독립 만세 운동에 고무되어 3월 13일 용정 광장에서 개최한 반일 군중 대회를 직접 목격하게 되었다. 림민호는 이 대회에 참가한 반일단체 책임자와 총구 앞에서도 용감성을 보여 준 학생들을 생각하며 다시 공부하기로 결심하고 1920년 용정 동흥중학에 입학하였다. 1923년 1월에는 동흥중학에서 고려공산청년회에 가입하였다. 훗날 그는 중학 시절을 이렇게 회고하였다.

어렸을 때 부모와 소학교 선생님들이 나의 어린 심령에 민족 독립의식을 심어 주었는데 동흥중학교에 입학하여서부터 나의 이런 의식은 점차 사회주의 사상으로 변화되었다.(정판룡③, 819쪽)

1923년 3월 중학을 졸업한 뒤에는 학생이 40명도 되지 않는 조그마한 산골 학교인 용천동소학교에서 교편을 잡았다. 그러면서 밤에는 야학을 꾸려 청장년들과 여성들에게 조선어와 산수, 주산 등을 가르치는 한편 시국에 관한 이야기를 자주 해 주며 민족 정기를 고취시키는 데 심혈을 기울였다. 그 해 5월에는 고려공산청년회 위성 조직인 용천동청년회를 결성했다.

그는 일제의 체포 대상이 되자 흑룡강성 주하(지금의 상지)로 피신하였다가 중공 만주총국의 한 책임자를 만나 모스크바 동방대학에 유학하는 기회를 잡았다. 이 대학은 동방 각국의 혁명 지도자를 양성하기 위해 설립한 4년 학제의 간부 학교이다. 그는 러시아어와 〈사회발전사〉, 〈국제공산주의운동사〉, 〈소련공산당사〉, 〈정치경제학〉, 〈소련사회주의건설사〉, 〈철학〉 등을 배워 이론적으로 가다듬어 나갔다. 여기에서 김찬해라는 여학생을 만나 사랑을 하고 결혼을 해서 첫 아들을 낳았다.

대학을 졸업한 1932년 5월 '국제적색노동조합'을 결성할 임무를 맡아 함흥과 흥남 지역에 들어가 활동을 하다가 일본 헌병대에 체포되었다. 서울로 압송되어 7년간 옥중 생활을 하고 1940년 9월에 출옥했다.

출옥한 후 중국 화룡현 동성촌 고성툰으로 돌아가 연로한 아버지와 동생과 함께 농사 일을 하다가 화룡현 춘화로 이사를 했다. 그곳으로 이사한 것은 항일 유격대와 연계하기 위해서였다. 1942년에는 용정 토목 건축회사의 돈화 분회사에 취직하였다.

1946년 중국공산당 돈화 중심 현위가 창립되고 돈화현 인민 정부가 다시 정비되면서 돈화현 부현장에 임명되었다. 1946년 10월에는 연길에 가서 〈연변일보〉의 전신인 〈길림일보〉 조문판 주필을 역임하였으며 조선족 간부 양성을 목적으로 민족 대학 설립 준비위원회가 구성되자 부주임으로 임명되어 세부적이고 실무적인 일을 도맡아

하였다.

연변대학이 설립되자 상무 부교장에 임명되어 초창기 기반을 닦는 데 혼신을 다했다. 1962년 주은래 총리가 연변대학을 방문하였을 때에는 전체 교직원과 학생을 대표하여 10년 동안 이 대학이 이룩한 성과를 보고하기도 하였다.

실로 연변대학은 그를 빼놓고는 이야기를 하지 못한다. 강의실과 실험실, 식당과 숙사, 그 어느 한 곳도 림민호의 심혈과 정성이 깃들지 않은 곳이 없다. 그래서 연변대학을 다닌 사람들이나 그곳에서 일한 직원들은 모두 한결같이 우리의 '림 교장'으로 그를 다정하게 부른다. 대학 교원과 학생들은 인간적으로 후덕하고 자애로운 그를 어버이처럼 존경하였고 림 교장 역시 교직원과 학생들을 친형제, 친자식처럼 사랑하였다.

그런 림민호에게도 불행한 개인사가 하나 있었는데, 그것이 결국 그의 발목을 잡고 말았다. 모스크바 동방대학에 재학할 당시 결혼하여 첫 아들을 낳았으나 졸업과 동시에 사정이 생겨 그 아들을 모스크바 국제 고아원에 맡기고 소련을 떠나왔다. 그 후 17년이 지난 1949년에야 연락이 닿은 아들이지만, 문화대혁명 시기 중·소 관계가 악화되어 편지 왕래마저 끊어진 실정이었다. 그런데도 그는 소련에 있는 아들이 집에 다녀갔다는 이유로 소련 특무라는 터무니없는 누명을 쓴 것이다.

문화대혁명 기간은 온 중국이 난장판이었고 고문장이나 마찬가지였다. 대부분의 지식인들은 홍역을 치러야 했다. 특히 림민호 개인이 당한 고초와 수난, 불명예는 어느 누구보다 가혹하였다.

1966년 10월부터 처음에는 주자파로 비판을 받다가 그 다음에는 반역자, 특무, 매국 역적이라는 죄명을 쓰고 잔혹한 박해를 받았다. 1967년 8월부터 주위 당 학교와 연변 호텔에서 열린 소위 적발 비판 대회에서 악명 높은 림민호 사건 전문 심사 소조는 그에게 동서고금에 보기 드문 악형을 가했다. 한쪽 귀는 너무도 세게 잡아당긴 탓에 그만 떨어져 버리고 말았으며 얼굴은 부어 알아볼 수 없을 정도가 되었다.(박정근·윤광수, 294쪽)

1969년 1월 연변대학에 소위 군중 독재 지휘부가 설립되고 계급 대오를 정돈하는 운동이 시작되자 림민호 사건 전문 심사 소조는 근 2년간의 심문으로 지칠 대로 지친 그를 또다시 검은 무리굴이라고 하는 캄캄한 감방에 가두고 형벌을 계속 가했다. 그리하여 얼마 지나지 않아 림민호는 거의 실신 상태에 빠졌고 군중 독재 지휘부는 그를 제 집으로 돌려 보내려 하였으나 그에게는 집도 없었다. 부인 김찬해도 반역자로 몰려 다른 곳에 갇혀 심사를 받고 있었으며, 자식들도 곳곳에 흩어져 집에 없었다.(정판룡②, 368쪽)

림민호는 치료도 받지 못하고 연길 시내 공원 가의 찌그려져 가는 오막살이에 옮겨져 1970년 7월 14일 원한을 품은 채 세상을 떠났다. 아무런 장례 의식도 없이 친척 몇 명이 겨우 시신을 추슬러 손수레에 싣고 가 공동묘지에 묻었다고 한다.

그가 죽은 지 8년만인 1978년 7월14일에 중공연변지위에서는 1920년대 초부터 혁명 투쟁에 참가하였으며 연변대학 창립자의 한 사람인 림민호에게 가해진 모든 죄명을 철회하고 명예를 회복하는 결정을 내렸다. 그날 자치주의 간부들과 대학 관계자들, 학생 대표들 수백여 명은 연변대학 회의실에서 뒤늦게나마 림민호 추도회와 유해 안장식을 거행하였다. 유해 일부는 그가 한평생을 바쳐 일군 연변대학 교정에 뿌려졌으며 나머지는 화룡시 동성향 고성촌 뒷산 림씨 가족 묘지에 안장되었다.

1989년 연변대학 창립 40돌을 기념하여 대학 교정에 그의 반신조각상을 세워 연변대학 교장 등을 역임하며 연변에서 줄곧 민족 사업에 종사한 림민호에 대해 민족의 이름으로 최대한의 경의를 표했다.

3. 마지막 분대장 김학철

본명이 홍성걸인 김학철은 1916년 항구 도시 원산에서 누룩 제조업자의 아들로 태어나 일곱 살 때 아버지를 여의고 홀어머니 슬하에서 자랐다고 한다.

한 사람의 인생에 있어서 간혹 문학이 결정적인 역할을 할 때가 있는데, 김학철에게도 그런 역할을 한 문학이 있었다. 보성고등학교 재학 시절에 접한 '빼앗긴 들에도 봄은 오는가'라는 이상화의 시가 바로 그것이다. 이 시를 읽은 이후로 그의 인생은 변화의 급물살을 타기 시작하였다. 빼앗긴 땅을 붓으로 되찾지 못한다면 총으로 찾을 결심을 하고 1935년 상해로 건너간다.

김학철 선생(1916~2001) "편안하게 살려거든 불의에 외면을 하라. 그러나 사람답게 살려거든 그에 도전을 하라." -김학철 선생의 유언 중

빼앗긴 땅을

붓으로 되찾지 못한다면 총으로 찾자

외아들인 나는

홀어머니도 돌보지 않고

결연히 상해로 떠났다.

무엇 때문에!

목숨보다 더 중한 사랑,

그 사랑보다 더 한 자유, 그 자유 때문에….

상해에서 조선민족혁명당 중앙 본부 소재지인 남경 화로강으로 옮겨서 몇 달 동안 행동대에 배치되어 반일 테러 활동을 하였다. 대장은 최성장이고, 대원들로는 서각, 길거, 왕극강, 안창손 등이 있었다. 1937년 7월부터 1년 동안 그는 〈호북강릉중앙육군군관학교〉에서 공부하였으며 졸업한 뒤 국민당 군대의 소위로 임명되어 주로 통역 일을 하다가 1938년 10월에 조선의용대가 조직되자 대원이 되었다.(박정근·윤광수, 299쪽) 비로소 정식으로 장총을 맨 조선 독립군이 된 것이다.

그러나 1941년 태항산 항일 근거지에서 홍사익 휘하의 일본군과 접전을 벌이다가 중상을 입고 포로가 되어 하북 석가장 일본 총영사관에서 심문을 거친 뒤 나가사끼 감옥으로 압송되어 정치범으로 복역하였다. 그는 감옥에 갇혀서도 자신의 신념과 절개를 굽히지 않았다. 그 대가는 혹독했다.

나를 비국민非國民이라고 극도로 미워하는 감옥 의사가 총상 입은 다리를 치료해 주지 않아 나는 3년 동안 내내 고름을 흘리며 견뎌야 했다. 그러다가 45년 초에 그 못된 놈의 의무과장이 전근이 되는 바람에 겨우 소망의 다리 절단 수술을 받게 되니 살 것 같았다. 앓던 이가 빠진 것 같아 거뜬했다.(김학철, 63-64쪽)

그렇게 불구가 되었다면 대부분 사람들은 절망하고 비통해 하겠지만 그는 달랐다. "사람의 정의는 인력거를 끄는 동물이 아니다. 다리 한 짝쯤 없어도 문제 없다."는 강한 정신을 내보였다. 보통인들보다 몇 배나 더 강한 의지력을 지녔고 난관을 버텨 나가는 낙관주의 정신과 유모어적 삶의 철학이 있었다. '학철'로 개명한 것도 철

같은 의지를 키우겠다는 일종의 자신과의 맹세였는지도 모른다.(김
동훈, 463쪽)

해방이 되자 불구가 된 몸으로 출옥하여 서울로 돌아왔다. 조선독
립동맹 서울시위원으로 지하 활동을 하는 한편 단편 소설을 잇따라
발표하였다. 얼마 안 되어 공산당원들에 대한 체포령이 내릴 것이
예견되자 조직의 결정에 따라 비밀리에 밤배를 타고 38선을 넘어 평
양으로 갔다.(박정근·윤광수, 301쪽) 평양에서는 로동신문 기자, 인민
군신문 주필을 역임하였고 문학 창작에 몰두하여 작품을 계속 발표
하였다.

그러나 그 자신이 구체적으로 말하지는 않았지만 장편 소설 하나
넉넉히 엮을 만한 복잡한 사연 때문에 1950년 가을 북경으로 넘어
갔다. 북경에서는 중앙문학연구소의 연구원으로 있으면서 본격적으
로 문학 창작을 하였다.

1952년 가을 연변에 조선족 자치주가 성립된 뒤에는 역시 밝힐
수 없는 사정이 있어 연변으로 돌아가 정착하였다. 처음에 연변 문
학예술계연합회 준비위원으로, 주임으로 1년간 근무하다가 사직하
고 전업 작가로 활동하였다. 1953년에 단편 소설집『새 집 드는 날
뿌리 박은 터』를 출판하였고, 1954년에는 장편 소설『해란강아 말하
라』를 펴냈으며, 1955년부터 57년까지 〈번영〉, 〈괴상한 휴가〉 등
많은 소설을 발표하였다.(박정근·윤광수, 302쪽)

그러나 4년 남짓 창작 활동을 하던 1957년 반우파 투쟁 때 숙청
을 당해 그로부터 장장 24년 동안 붓을 꺾을 수밖에 없었다. 그간에

분노에 찬 정치 소설 〈20세기의 신화〉를 쓴 죄로 10년 동안 영어의 몸이 되기도 하였다. 그러다가 1980년 12월에 무죄 판결을 받고 명예를 회복하였지만, 당시 나이는 보통 사람이라면 뒷방 신세를 질 65세였다. 이미 흘러가 버린 24년은 어쩔 수 없었다.

그는 잃어버린 세월을 만회라도 하겠다는 심정으로 문을 걸어 잠그고 본격적인 창작 활동에 들어갔으며 특히 독립을 위해 청춘을 고스란히 바쳤던 조선의용군의 실체를 반영하는 많은 작품을 발표하였다. 항일 투쟁을 겪은 전기적인 경력은 그에게 풍부한 창작 소재와 튼튼한 생활 바탕이 되었다. 혁명 투쟁에 종사한 역사 사실과 문학 창작에 정진한 문필 생애는 그를 영광스런 항일투사로, 창작 실력을 가진 혁혁한 작가로 만들어 국내외 독자들의 존경을 받도록 하였다.(전국권, 470쪽)

2001년 9월 25일 타계하기 직전까지 붓을 놓지 않았던 그가 줄곧 견지해 온 문학 정신, 다시 말해 그의 문학관을 그 자신을 통해 들어보기로 하자.

민족의 질을 돋워 올리는데 이바지하지 않는 문학이란 상상하기 어렵다. 그러한 무의미한 문학에는 정력을 허비하지 않는다는 것이 나의 소신이자 신조이다.(김학철, 65쪽)

그가 매진한 문학 활동과 일상사에는 유언으로 남긴 "편안하게 살려거든 불의에 외면을 하라. 그러나 사람답게 살려거든 그에 도전

을 하라."는 용감한 투혼이 스며들어 있다. 이러한 실천적 삶과 창작
활동으로 그는 조선족 문학인들의 정신적 기둥이 되었고 조선족 사
회에서 존경 받는 인물이 되었다.

   그와 함께 동시대를 살면서, 비슷한 시기에 타계한 정판룡 선생도
그를 높이 평가하였다.

> 김학철 선생은 작가이고 투사이며, 투사이고 작가이시다. 그는
> 일제시기에 반일투사 윤봉길의 애국 행위에 감동되어 20세도 되
> 지 않은 젊은 나이에 상해로 건너갔으며 중국육군군관학교를 졸
> 업한 뒤 30년대 말에는 조선의용대에 입대한 반일투사일 뿐만 아
> 니라 광복 후에도 정치, 사회 부조리와 감히 맞서 싸운 것으로 하
> 여 영어 생활을 하지 않을 수 없었으며 24년이나 창작의 권리를
> 박탈당하였다. 그의 이런 투사 정신을 떠나 그의 문학을 이해할
> 수 없다. 김학철 선생에게 있어서 문학은 시종 그의 투쟁 무기로
> 되어 있었다.(김철호, 310쪽)

다른 이들의 평도 크게 다르지가 않다.

> 김학철 선생은 파란만장한 인생의 실천으로 우리에게 영원한
> 인생의 교과서를 펼쳐 주었다. 김학철 선생께서는 사상가적 시각
> 을 갖춘 철인이며 사명감 있는 작가이며 속세의 잡념과 욕구를 초
> 탈한 군자이다. 김학철 선생님은 우리에게 지대한 정신적 재부를

남겨 주었다.(김의천, 252쪽)

그는 민족의 질을 돋위 올리는 것을 자신의 문학적 사명으로 자각하고 있었으나 조선족이라는 이 울타리에 얽매이지 않았다. 그의 눈은 아직 다가오지 않은, 그러나 언젠가 다가올 새로운 인간의 세계로 향하고 있었다.(김동훈, 467쪽)

김학철은 자진해 월북을 한 이후 40여년 만인 1989년 9월 부부 동반으로 서울 나들이를 함으로써 그동안 끊어졌던 모국 한국과의 인연을 복원하였다. 그 뒤에도 몇 차례 더 한국을 방문하였지만, 가장 인상적인 방문은 85세 되던 2001년에 경남 밀양시의 초청으로 조선의용군 참모장이던 석정 윤세주 열사 탄신 100주년 기념 국제 학술회에 참석한 일이다.

그 방문 기간에 조선의용대에 관한 초청 강연을 하였고, 조선의용대 가입 당시 대장이던 약산 김원봉의 부인 박차정 여사의 묘소를 찾아 참배하기도 하였다. 그는 "제가 부하로서 약산 선생을 잘못 모셔서 비참한 최후를 맞았습니다. 앞으로 언제 다시 찾을 수 있을지 모르지만 하늘 나라에서 안녕히 계십시오."라고 눈물로 하직인사를 드리기도 하였다.

약산의 고향인 밀양을 자신의 정신적 고향이라 말할 정도로 약산과 조선의용대를 자랑스럽게 여겼다. 그러나 이 여행에서 무리한 강행군을 하여 입원을 하였고 결국 회복을 하지 못하였다.

　죽음을 앞두고도 그는 대인다운 풍모를 보였다. 사회의 부담을 덜기 위해, 가족의 고통을 줄이기 위해, 더는 연연하지 않고 깨끗이 떠나간다며 일체의 투약과 진료를 거부하고 "최후의 분대장 신분으로 조선의용대 전우들이 다 가 있는 곳으로 복귀한다."며 머리를 빡빡 깎고 죽음을 맞을 준비를 하였다.

　2001년 9월 27일 생전에 지목했던 친구 10여 명의 손에 의해 그의 유해는 그가 작사하였던 조선의용군 추도가가 울려 퍼지는 가운데 두만강에 흩뿌려졌다. 일부는 그의 소원대로 종이 우편함에 담겨져 그의 고향 원산 앞바다로 흘러 보내졌다.

　　사나운 비바람이 치는 길가에
　　다 못 가고 쓰러진 너의 뜻을
　　이어서 이룰 것을 맹세하노니
　　진리의 그늘 밑에 길이길이 잠들어라
　　불멸의 영령

　한 투사가 자신이 손수 지었던 추도가가 울려 퍼지는 가운데 최후의 길을 떠났다. 그의 인생은 험난한 여정이었지만 이 세상에 많은 것을 남겨 놓고 인생의 첫 출발지 원수성의 세계로 귀향한 것이다.

4. 민족의 큰 스승 정판룡

1932년 전남 담양군에서 가난한 죽세공이던 정봉주의 아들로 태어난 정판룡이 모스크바 대학에서 박사 학위를 받고 돌아와 조선족의 큰 스승으로 살다가 돌아간 인생 여정은 한편의 드라마처럼 파란만장하다. 그의 삶은 고난으로 점철된 조선족의 이민 역사이기도 하며 그의 자전적인 책『고향 떠나 50년』은 그 자체가 조선족 이민사라는 평가를 받는다.

『고향 떠나 50년』을 중심으로 정판룡이 어떤 사람이었는지, 그가 조선족 사회에 남겨 놓은 정신적 유산이 무엇인지 살펴보기로 하자.

끝이 보이지 않는 가난과 날로 늘어나는 부채를 감당하지 못한 그의 부모는 마침내 1937년 2월 중순 고향 땅에서 야반도주를 결행하고 만주 봉천 땅으로 떠났다. 정씨 개인 가족사가 바야흐로 조선족의 일원으로 편입되는 순간이었다. 대부분의 이주 가정과 마찬가지로 그의 집도 한 지역에 정착하지 못하고 이곳 저곳을 떠돌아다니는 어려운 생활이 계속되었다.

3월말이지만 거리 어두운 구석에는 밤새에 굶어 죽거나 얼어 죽은 시체들이 이따금 나타나곤 하였다…아버지는 이왕 고향을 도망쳐 온 사람이 무슨 낯으로 다시 돌아가겠느냐고 하면서 살 방도를 계속 찾았다. 사실 말이 그렇지 빚에 몰려 솔가도주한 사람

이 어찌 다시 돌아간단 말
인가? 그러나 살 방도는 이
만주 땅에서도 나타나지 않
았다.(정판룡②, 8-9쪽)

이주 초기 힘든 생활 속에서
누이동생과 형제들이 차례로
숨지는 아픔을 겪었다. 이후 그
의 가족은 천신만고 끝에 흑룡
강성 상지현에 정착하였고, 그
는 그곳에서 소학과 중학을 다
녔다. 1949년에는 연변에 최초
로 설립된 우리 민족 대학인 연
변대학의 첫 입학생이 된다. 그

정판룡 선생(1932~2001) 연변대학의 첫 박사생
지도교원이 되어 지금껏 조선족 학자 가운데 가장
많은 박사를 배출하였다.

런데 그는 입학 직전 주덕해, 림민호 선생과 운명적인 만남을 가졌
다. 사연인즉 중학교 3학년이던 그에게 대학준비위원회의 책임자였
던 림민호 선생이 응시 자격을 주지 않자 어떻게든 시험을 치러야겠
다는 생각으로 감히 주덕해를 찾아가 입학을 관철시킨 것이다.

그는 대학생이 된 당시의 기쁨을 먼 훗날까지 잊지 않았으며 주위
의 칭찬과 격려도 생생하게 기억하였다.

중국에 우리 민족 대학이 하나 생겼으며 또 북만 산골에서도 그

대학에 입학한 사람이 있다는 소식은 학교는 물론 농촌 마을에까지 널리 퍼졌다. 상지 조선중학교에서는 내가 연변대학에 입학했다는 것을 알고 특대 소식으로 학교 게시판에 크게 써놓았으며 또 전문 전교대회까지 열었다고 한다. 하동 고향 마을에서도 이 소식을 듣고 야단법석이었다. 전쟁 시기라 농민들의 생활은 퍽 어려웠지만 이웃 사람들은 학비에 보태 쓰라면서 집에 쌀이나 닭 알을 가져왔다.(정판룡②, 57쪽)

대학 학창 시절은 당시 대부분의 중국 사람들이 그랬던 것처럼 어려움의 연속이었다. 생활이 곤란한 그는 누런 말똥종이를 사서 필기장으로 썼다. 잉크도 비싸서 감히 살 생각을 못하고 푸른 색 물감 몇 봉지를 사다가 물에 풀어 페니실린 병에다 넣은 뒤 그것을 옆구리에 차고 다니며 썼을 정도였다고 한다.(박정근·윤광수, 307쪽) 원래 수학 학부에 입학하였지만, 문학에 특별한 흥미가 생겨 1950년 새 학기부터는 조문학부로 전공을 바꾸고 시간만 있으면 도서관에서 책 읽기에 빠져 들었다. 주위의 기대 속에 입학한 대학 시절은 비록 경제적 어려움은 컸지만, 그의 인생에서 가장 행복한 시간이었고 인생의 좌표를 설정한 중요한 시기였다.

대학을 졸업하던 해 그의 나이는 겨우 스무살이었다. 중학 과정만 마치고 대학에 입학하였으므로 또래보다 나이가 적었던 것이다. 그는 큰 대학의 연구생 과정(대학원)에 들어가 더 공부하기를 바랐으나 학교 측은 당장 강의를 맡아줄 것을 요청하였다. 교원은 적고 해마다 신입생이 들어오니 인력이 급히 필요하였기 때문이다. 이리하여 어린 나이에 교원이 되어 학생들 앞에서 강의를 하였다.

그러나 얼마 있지 않아 전국 각지에서 선발한 소련 유학생 대열에 포함되어 모스크바 대학으로 유학을 떠났다. 그곳에서 5년 동안 소련 문학을 전공하고 1960년 부박사 학위를 받았다. 소련 유학은 그에게 학문적 토대를 구축하는 기회가 되었을 뿐 아니라 인생의 배필을 만나게 해 주었다. 소련의 중국인 유학생 모임에서 그곳 레닌 사범대학에 유학을 하던 왕유라는 한족 출신 여대생을 만나 사랑에 빠졌다. 그러나 상대가 같은 민족이 아니라는 사실 때문에 번민의 나날을 보냈다. 그는 조선족으로서 유학을 마친 뒤 연변으로 돌아가야 한다고 생각했기 때문에 이민족 여성과의 결혼을 전혀 상상도 하지 못했다고 털어 놓았다.

나는 조선 사람이며 유학을 마친 뒤에도 연변에 돌아가야 하기에 이민족 여성과 결혼한다는 것은 전혀 상상도 할 수 없는 일이었다. 민족의 보수성이 원인이 되어서지는 몰라도 50년대까지만 해도 농촌은 물론 연길 같은 도시에서도 조선 남자가 중국 여자와 결혼하거나 조선 여자가 중국 남자에게 시집가는 일이 아주 드물었다. 연변 자치주의 한족 지도자 한 분이 조선 여성과 결혼을 했다고 하는데 거기에 대한 말도 많았다고 한다. 이런 정황에서 내가 그 어떤 이민족 여성을 데리고 간다면 우리 집에서는 물론 우리 사회에서도 쉽게 받아들일 것 같지 않았다.(정판룡②, 164쪽)

국경을 초월할 수 있는 사랑의 힘은 민족을 초월하지 못하라는 법이 없었고 결국 모스크바에서 유학생 동료들이 참석한 가운데 조촐하게 결혼식을 올렸다. 그렇게 결혼한 아내는 평생 동지가 되어 연변대학에서 학생들을 가르치며 조선족과 공동 운명체가 되었다.

그는 소련에서 귀국한 이후 북경의 연구원에서 일하자는 주위의 권유를 뿌리치고 조선족의 고향인 연변으로 돌아갔다.

나는 나의 전도를 위해 우리 동포들의 부름을 거절할 용기가 그때도 없었고 지금도 없다. 모교로 다시 돌아가야 한다. 연변대학은 비록 북경에서 수천리 떨어진 초라하고 설비 없는 학교이기는 하지만 그래도 중국에 하나밖에 없는 우리 민족의 대학이 아닌가! 잘생겼든 못생겼든 우리 민족의 정성과 희망이 담겨진 학교가 바로 이 학교가 아닌가! 그래도 우리 말, 우리 글로 중국에 있는 우리 민족을 위해 진정 민족 인재를 양성하는 유일한 대학이 바로 이 대학이 아닌가?(정판룡②, 180쪽)

민족에 대한 뜨거운 신념으로 민족 대학 사업에 전력을 기울이던 중 1960년대 후반에 불기 시작한 일련의 정치 운동은 대부분의 지식인들과 마찬가지로 그에게도 여러 명목을 갖다 붙여 족쇄를 채웠다. 특히 그는 당시 중국과 적대적 긴장 관계를 유지하던 소련에서 유학하고 학위까지 받았다고 하여 수정주의자라는 딱지가 붙었다.

"혁명은 손님 대접이 아니다."라는 모택동의 어록처럼 한번 혁명 대상으로 걸려든 사람은 결코 빠져 나오기 쉽지 않았다. 갖가지 폭력이 자행되고 대중 앞에서 모욕을 당하기 일쑤였다. 자의식이 강한 지식인들로서는 이러한 모욕이 오히려 죽음보다도 더 고통스러웠다. 상아탑에서도 학문은 존재의 땅을 상실하고, 오직 정치 운동만이 존재하던 시대에, 그 시대를 살아간 중국인들 특히 지식인들은 결코 회상하고 싶지 않을 것이다.

연변대학 또한 이 기간에 존립이 위태로울 정도로 수난을 당하였다. 다민족 국가인 중국에서 소수 민족이 자기 민족 교육을 발전시키는 것을 나라를 분열시키는 민족 분열주의 행위라고 비판하는 바람에(정판룡②, 351~352쪽) 민족 대학으로서의 특성이 여지없이 짓밟혀 버렸다. 학생 선발도 한족 위주로 이루어졌고 강의도 한어로 하게 하였다. 문화혁명 기간에 이런 저런 죄명으로 비판 투쟁을 받은 교직원이 124명이나 되었으며, 림민호 교장은 4년에 걸친 긴 기간 비판 투쟁으로 세상을 뜨고 말았다.

이렇게 무차별적으로 파괴된 민족 대학을 보면서 모두들 속으로 울분을 삼켰다. 일련의 정치 운동이 종식되어 가던 시점에도 개선될 기미가 없자 그는 북경에 가서 중앙 지도자를 직접 만나 사정을 이야기하고 민족 대학으로서의 연변대학을 돌려 줄 것을 요청하기로 마음먹었다. 1978년 북경으로 간 그는 중앙정치국 위원, 중앙통전부 부장이고 전국 인민 대표대회 상무위원회 부위원장으로 있던 우란후라는 몽골족 출신 고위 간부를 어렵사리 만나 연변대학의 실상을 하소연하였다. 우란후는 뒤에 부주석까지 역임한 실력자였다.

그가 지속적인 관심 덕분에 그동안 연변대학의 민족화에 미온적이던 자치주 혁명 위원회도 연변대학을 조선족 인재 양성을 위주로 하는 민족 대학으로 복원한다고 선포하게 되었다. 농촌에 내려갔던 교직원도 학교로 돌아와 연변대학은 힘찬 재기에 나섰다.

연변대학이 민족성 회복 사업을 다시금 벌일 수 있게 되기까지 정판룡의 역할이 컸다. 그 자신도 이 무렵부터 학문적으로나 학교 행정 일에서나 가속도를 내기 시작했다. "당신은 어떻게 된 셈이예요. 완전히 딴 사람이 된 것 같군요. 일도 일이지만 몸도 돌봐야 할 게 아니예요."라며 휴식을 권하는 아내에게 "나는 벌써 50에 가까운 사람이오. 너무 늦었단 말이에요. 10년을 성과 없이 지내고 보니 조급증이 난단 말이오."라며 학문에 박차를 가하였다.(박정근·윤광수, 309~310쪽)

그는 1979년에는 성의 비준을 거쳐 부교수로 임명되었으며 4권으로 된 『외국문학사』와 2권으로 된 조선문판 『세계문학간사』를 편찬하였고 대형 사전인 『조선어문수첩』을 저술하였다. 또 중국고전 명작인 『홍루몽』을 번역하였으며 『중국조선족백년사화』도 편집을 하는 등 학문적으로 왕성하게 활동하였다. 이러한 학술 활동을 인정받아 이듬해인 1980년 12월에는 정식 교수 직명을 부여받았다.

1980년 7월 연변대학 부교장에 임명되어 병중이던 박규찬 교장을 대신하여 사실상 모든 학교 일을 처리하였다. 특히 스웨덴의 스톡홀름 대학과 학술 교류 협정을 체결하였는데, 이는 매우 큰 의의를 지닌다. 대학 사상 처음으로 외국 대학과 맺은 협정으로 중국이 개혁 개방 정책으로 변화하는 와중에 국제화로 나가는 첫 발걸음을 내디딘 것이다. 그 외에도 여러 외국 대학과 교류를 추진하는 길을 텄다. 연변대학은 비로소 중국 동북 지방 밖의 세계에서도, 특히 한국 인사들이나 외국에서 활동하는 한인들의 관심을 끌기에 이르렀다. 이에 그의 역할은 여간 크지 않았다.

한편 그는 연변대학의 첫 박사생 지도교원이 되어 지금껏 조선족 학자 가운데 가장 많은 박사를 배출하였다. 연변대학의 현 김병민 교장은 그가 처음 배출한 박사 제자이다.

그는 미국과 일본, 서구를 둘러 본 이후인 1990년 3월 15일 드디어 꿈에서나 그리던 고향 산천을 밟았다. 서울로 가던 비행기 속에서 50년만에 고향에 돌아가는 감회를 이렇게 털어 놓았다.

서울이 가까워진다고 생각하니 어쩐지 가슴이 설레었다. 몇 해 전만 하더라도 영원히 가지 못할 곳으로 생각되던 고향이 바로 지척이라고 생각하니 마치 꿈 같았다. … 어디나 표식들은 한글로 쓰여져 있었으며 사람들도 모두 우리말을 했다. 기실 한국 사람만 사는 한국에서 표식이나 쓰는 말들이 모두 한국의 것이라는 것을 너무도 당연한 일이겠으나 50여년간 이민족 말과 글 속에서만 살던 나로서는 그것이 잘 습관이 되지 않았다.

50년 만의 귀향! 이렇게 재개된 한국과의 인연은 2001년 10월 7일 오랜 투병 끝에 세상을 하직하기 전까지 이어졌다. 그는 연변대

학을 오늘의 민족 대학으로 육성·발전시킨 공로와 조선족 사회에
끼친 기여가 인정되어 장한 교포상을 받았다. 조선족 사회에서 진정
한 스승으로 추앙을 받았던 정판룡. 그의 제자이기도 한 연변대학
김병민 교장은 이렇게 평가한다.

> 정판룡 교수님께서 걸어온 길, 정판룡 교수님께서 해 놓은 일들
> 에 대해서는 민족의 역사가 잘 기억해 둘 것이다. 먼 훗날 사람들
> 이 정판룡은 과연 누구냐고 묻는다면 역사는 이렇게 말할 것이다.
> 정판룡, 그이는 그대로 민족의 역사요, 그이는 그대로 민족의 문
> 화라고….(남영전, 155쪽)

가난 때문에 고향 땅에서 야반도주했던 한 가난한 죽세공의 일가
가 이주한 만주 땅에서 온갖 고난 끝에 정판룡이라는 거목을 키워
냈다. 그 거목에서 여는 탐스러운 열매는 오늘날까지도 이국에서 살
아가는 조선족들에게 자양분이 되고 있다. 그는 조선족의 정신적 지
주로 민족 사회에서 결코 빼놓을 수 없는 이름이다. 앞으로도 조선
족 사회가 존속하는 한 민족 사회는 그의 이름을 영원히 기억할 것
이다.

제 5 장 조선족 사회의 위기 현상

　　조선족 사회는 중국의 개혁 개방과 한중 수교에 따라 변화의 소용
돌이에 휩싸여 있다. 그 변화는 조선족 사회가 여태껏 경험하지 못
한 여러 현상을 낳았다. 이 현상들은 조선족 사회가 위기 의식을 느
끼기에 충분한 것들이다. 일부 학자들은 이를 근거로 조선족 사회의
위기설, 해체설을 주장하며 여러 대안을 제시하기도 한다. (이와 관련
해서 중국 현지에서 발표된 주요 연구를 보면, 김종국,『세기 교체의 시각에서
본 중국조선족』, 중국 연변인민출판사, 1999. 리홍우,『조선족의 전망』, 중국
흑룡강조선민족출판사, 1996. 정판룡,『중국 조선족과 21세기』, 중국 흑룡강조
선민족출판사, 1999. 박문일 외,『21세기로 매진하는 중국 조선족 발전 방략
연구』, 중국 료녕민족출판사, 1997 등 다수가 있다. 좀 과장된 말이지만 조선
족 사회의 인문 사회 분야 학자라면 대개 이 부문의 관계 논문을 가지고 있을
정도이다. 조선족 자치주 주도인 연길 시내 신화 서점에는 이와 관련된 책자를
많이 발견할 수 있다.)

　　그러나 다양한 연구에도 불구하고 위기의 현상에 대해서는 대개

비슷하게 인식하는 것 같다. 김종국 교수는 현재 중국 조선족 사회
가 안고 있는 위기를 인구 위기, 교육 위기, 언어 위기, 인재 위기,
이미지 위기로 정리하고 있는데,(김종국, 29-36쪽) 다른 논자들의 지
적도 이와 비슷한 테두리에서 맴돈다.

　필자가 여기기로 조선족 사회가 노출하는 모든 위기의 본질이자
출발점은 인구 문제이다. 조선족 사회는 인구의 마이너스 성장, 도
시와 해외로의 활발한 이주 등으로 인하여 기존에 형성되었던 민족
공동체에서 인구가 자꾸 감소하면서 공동체가 붕괴되어 가는 형국
이다. 이에 따라 마을마다 촌락마다 있던 민족 학교가 문을 닫고 있
다. 민족 언어와 민족 문화를 상실한 조선족은 필연적으로 한족에게

연길 시내에 있는 신화 서점 조선족 사회의 인문 사회 분야 학자라면 대개 조선족 사회의 위기 현
상에 관한 논문을 갖고 있다. 조선족 자치주 주도인 연길 시내 신화 서점에는 이와 관련된 책자가 많다.

동화되는 길 이외에 달리 방도가 없다. 인구 위기가 결국 민족 존립의 위기를 불러왔다.

사람이 없는 마당에 동화니 뭐니 얘기할 필요가 없을 것이다. 모든 문제는 존재의 전제하에서만 가능하다. 그런데 연변의 조선족은 인구가 갈수록 줄어들어 존재가 위기에 처해 있으니 이보다 더 큰 문제가 어디 있겠는가?

인구 문제에 대한 식자층의 위기 의식은 극단적인 수준에 이르렀다. 어떤 학자는 조선족 인구의 성장을 고무하기 위해서 자녀를 둘

폐가가 된 농가 지금 조선족 사회는 인구의 마이너스 성장, 도시와 해외로의 활발한 이주 등으로 기존에 형성되었던 민족 공동체에서 인구가 자꾸 감소하면서 공동체가 붕괴되어 가고 있다.

씩 낳도록 설득하고 이런 가정을 우대해야 한다고 주장한다.(김종국,
35②~36쪽)

조선족 사회는 이처럼 민족 인구가 감소함으로써 공동체가 붕괴
되고 있으며, 인구 감소와 공동체 붕괴라는 두 요인이 작용하여 민
족 학교의 통폐합을 초래하였다. 나아가 인구 감소, 공동체 붕괴, 민
족 학교 통폐합이라는 3대 요인은 민족성의 상실과 동화를 촉발시
키고 있다.

소수 민족의 존립과 관련된 이 문제를 아래와 같이 모델화할 수
있을 것이다.

소수 민족 위기의 모델

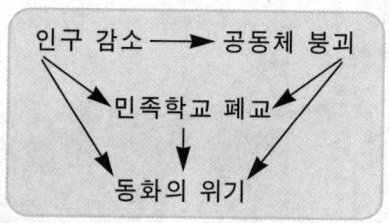

조선족 사회는 지금 이러한 위기의 징후를 보면서 대책을 모색하
느라 분주하다. 민족 존립과 관련된 문제인 만큼 여간 심각하지 않
다. 그러나 위기의 징후들이 결코 간단하지 않기 때문에 어떤 관계
자도 뾰족한 방안을 강구하기 어렵다. 특히 그것은 한국 등 이미 근
대화 과정을 밟아 온 사회에서 발생한 현상과 공통적인 성격이 짙

다. 게다가 조선족 사회는 다민족 국가 속에서 소수 민족 사회라는 특수한 사정 때문에 이들 문제를 해결하기가 더욱 쉽지 않다.

이 위기의 현상을 좀 더 구체적으로 살펴보도록 하자.

1. 무너지는 공동체 사회

광활한 만주 땅에 발을 들여 놓은 조선족 이민의 후손들이 오늘날 오랜 이주 역사에도 불구하고, 그리고 4, 5세대 심지어는 5, 6세대에 이르기까지 민족 문화와 전통, 민족 정체성을 보존할 수 있었던 이유는 무엇일까?

과거를 돌이켜보면 중국 조선족이 자체의 전통 문화를 지키고 민족성을 유지할 수 있었던 것은 무엇보다도 이주시기부터 자체 민족의 집단 거주지를 형성하였기 때문이다.(허명철①, 250쪽) 조선족은 연변을 중심으로 집단 거주지가 있었기 때문에 민족 자치를 실시할 수 있었고 그에 따라 민족 학교를 설립하여 후대를 교육하고 같은 민족끼리 정서적 공감대를 누리면서 민족 정체성을 유지할 수 있었다. 민족의 집단 거주지는 민족 생존과 연속의 유력한 기지로 작용하였다.

역설적으로 그런 집단 거주지가 없었다면 어떻게 되었을까? 옛 소련으로 이주한 우리 민족, 즉 고려인의 경우를 보면 짐작이 가능하다. 고려인들도 연해주에 집단 거주 구역을 형성하여 생활할 때에는 민족 특성을 잘 유지하였다. 그러나 1937년 소련 당국에 의해 강제 이주되어 집단 거주 구역이 해제된 이후에는 민족 특성이 점차 상실되었고, 현재는 대부분의 고려인들이 우리말을 하지 못한다. 집단 거주지가 이주 민족에게 얼마나 중요한지 단적으로 알 수 있는 사례이다.

아마 조선족도 집단 거주지가 없었다면 강제 이주된 고려인과 비슷한 처지가 되었을지 모른다. 민족 언어와 민족 풍습을 상실하고 한족에게 자연스레 동화되었을 것이다.

중국으로 이주한 조선 이민들은 처음부터 집단 거주지를 형성하여 생활했는데 거기에는 그럴 만한 이유가 있었다.

이들은 이주 초기부터 벼농사에 종사하였다. 벼농사는 특성상 여러 사람의 손길이 필요하기 때문에 수원지를 중심으로 마을을 형성할 수밖에 없었다. 당시 만주 각 지역에는 조선인이 사는 곳마다 반드시 논이 있었고 벼농사의 시작과 동시에 조선인 촌락이 생겨난 것도 현실적인 필요성 때문이었다. 또한 먼저 이주한 조선인들은 갓 이사 오는 사람들이 있으면 공짜 밥을 먹여 주고 이웃집에서 사발이랑 접시랑 젓가락을 모아서 살림을 차려 주어 같은 마을에서 지낼 수 있도록 하였다.

만주 사변 이후에는 일제의 〈만선척식주식회사〉가 강제적으로 조선 농민들을 이주시키면서 지정된 이주 구역에서 생활하도록 했기 때문에 집단 거주지가 자연스레 형성되었다.

이렇게 형성된 조선인 촌락은 경제 생활뿐만 아니라 사회 생활에서도 중요한 역할을 하였다. 이국 타향에서 쪼들리는 생활을 하는 이주민들에게는 같은 민족끼리 모여 사는 민족 촌락이 있어서 그나마 다행이었다. 민족 촌락은 동포들이 같이 사는 하나의 장으로, 향수에 잠길 때나 고적할 때에는 서로를 달래 줄 수 있었고, 생산과 생활에서 서로 돕고 협조하는 상호 의존 관계를 수립하는 공간이 되었다.(정신철, 22쪽)

이 민족 촌락에서 민족 언어, 민족 교육 그리고 민족 문화를 대이어 갈 수 있었다. 그런 측면에서 민족 공동체는 곧 조선족의 문화 영토였던 것이다.

두만강역 조선족 마을 민족 촌락은 동포들이 같이 사는 하나의 장으로, 향수에 잠길 때나 고적할 때에는 서로를 달래 줄 수 있었고, 생산과 생활에서 서로 돕고 협조하는 상호 의존 관계를 수립하는 공간이 되었다.

이러한 문화 영토를 지닌 조선족 사회는 다음과 같은 이유 때문에 더 한층 자체의 고유 문화를 간직하고 전통적인 가치 체계를 보존할 수가 있었다.(허명철②, 155~157쪽)

첫째, 조선족이 이주한 중국 동북 지구는 지리적으로 조선과 인접하였고 자연 자원과 생존 공간이 풍부하여 이민족간 생존을 위한 마찰이 적었으며 이주 후 집거 생활은 고유 전통 문화를 보존하는 조건이 되었다.

둘째, 이민은 경제 생활의 핍박에 의한 것이지 조국이나 민족에 대한 배반이 절대 아니었으며, 민족 문화에 대한 강렬한 동질 의식과 망향 의식이 농후해 자연히 전통 문화를 고수하고 민족 동질성을 유지하는 동력이 되었다.

셋째, 장기간에 걸친 두 나라간의 문화 교류와 내왕은 조선족으로 하여금 이국 타향에 이주한 후에도 문화적 이질감을 크게 느끼지 못하게 하였다.

넷째, 일제 식민 통치와 민족 문화 말살 정책은 조선족으로 하여금 새로운 근대 지향적 가치의식을 형성하지 못하게 하였고 도리어 전통 가치 의식을 고수하는 문화 보수주의로 나가게 하였다.

조선족 사회는 이주 초기부터 집단 거주 지역을 형성하여 민족 문화를 고수하여 왔다. 그러나 중국 사회의 개혁과 개방의 심화, 국제 사회와의 교류와 문화 협력이 가속화되면서 조선족 공동체 사회는 급속도로 무너지고 있다. 공동체가 붕괴되는 주된 원인은 조선족 집단 거주 지역에서 인구가 감소하고 있기 때문이다.

왜 공동체 사회의 인구가 줄어들고 있을까? 무엇보다 조선족의 낮은 출산율을 들 수 있다. 한 의식 있는 조선족의 다음과 같은 자조 섞인 말속에는 현재와 같은 낮은 출산율이 문제가 되고 있음을 시사한다.

> 우리 조선족은 뭔가 잘못 생각하는 게 있다. 다른 민족보다 조금 깬 민족이라며 자녀를 하나만 낳았다. 소수 민족은 두 명까지 낳아도 되는데도 그렇게 하였다. 소수 민족이 다수 민족 사회에서 생존하기 위해서는 그렇게 해서는 안 된다. 지금 그 결과가 눈앞에 나타나지 않는가? 과연 이 민족이 13억의 중국 대륙에서 언제까지 존재할 수 있을지 심히 걱정스럽다.

조선족 사회는 이제 출산 문제에 대해서 새로운 의식을 정립해야 한다. 인구의 양성적 증가는 민족의 존속과 밀접한 관련을 갖는다. 과거 조선족은 다른 민족에 앞서 산아 제한 정책을 너무 철저히 준수하여 민족 인구의 양적 성장에 큰 지장을 주었다. 지금은 경제적 부담이 크다고 아이를 많이 낳지 않는다. 그러면 민족의 장래는 어떠할 것인가? 인구 의식을 강화해야 한다.(정신철, 242쪽)

그리고 중국의 개혁 개방으로 경제 발전이 신속히 이뤄지고 한·중 수교로 많은 한국 기업이 중국으로 진출하면서 조선족들이 농촌에서 도시로, 연변 지역에서 전국으로, 국내에서 한국을 비롯한 외국으로 활발하게 이주하고 있다.

　여기에다 많은 여성들이 한국인 남성과 국제 결혼을 한 것도 공동체 인구의 감소를 부채질하였다. 한·중 수교 이후 한국으로 시집간 조선족 여성은 1993년 1,463명, 1994년 1,995명, 1995년 7,693명 그리고 1996년부터는 연간 1만여 명으로 추산된다. 지금까지 10만 명에 가까운 여성들이 한국으로 시집갔는데, 그것은 중국에서 가정을 이루고 아들 딸 낳아 조선족 공동체를 유지해야 할 여성 3명 중 1명이 한국으로 가 버렸다는 말이다.(황유복, 138~9쪽) 남은 여성들 가운데도 2명에 1명 꼴로 가정을 꾸릴 의사가 없는 직종에 종사하고 있어 실질적으로 미래 세대를 출산할 여성이 턱없이 부족하다. 자연히 인구 성장을 가로막고 있다.

　조선족 사회의 인구 유출 지역을 보면 중국 전국 상황과 조금 다른 특징을 보인다. 전국적으로는 상대적으로 낙후된 지역에서 인구 유출이 주로 이루어졌지만, 조선족 사회에서는 인구 유출이 전 조선족 지역에 골고루 분포되어 있고 유출을 주도한 지역을 내세우기가 쉽지 않다. 어떤 의미에서는 조선족 인구 유동은 전 민족적이며 빈곤에서 벗어나려는 욕망보다 더 높은 생활의 질을 추구하려는 목적에서 기인한 발전형 유출이라고 할 수 있다.(정신철, 89쪽)

　그럼에도 불구하고 인구 유출은 민족 문화의 보존과 경제 발전의 보루 역할을 해 온 민족 공동체, 특히 농촌의 집단 거주지를 해체하는 결과를 초래하였다. 또한 조선족 농민들이 도시로 진출하고 남은 민족 마을은 한족들로 대체되거나 공동화하는 현상이 나타났다. 조선족들이 그동안 가꾸어 온 문화 영토가 한 순간에 한족 영역으로 옮겨갔다는 의미이다. 이러한 현상은 앞으로도 개선될 가능성이 희박하다.

조선족 자치주에서 한족과의 인구 역전 현상은 앞으로도 계속 심화될 것으로 보인다. 연변 조선족 자치주의 국민 경제 및 사회 발전 계획과 2010년 전망 계획에 따르면 두만강 하류 지역의 개발과 관련해 연변 지역 인구는 2010년에는 250만 명, 2020년에는 280만 명, 2050년에는 380만 명으로 계속 늘어날 것으로 예상한다. 그런데 조선족은 인구의 자연 성장률이 낮고 유출이 심해 필연적으로 한족 중심으로 인구 유입이 이루어질 수밖에 없다.

이로 인해 조선족 자치주에서 조선족의 인구 구성 비율은 2010년에 대략 25%, 2020년에는 20%, 그리고 2050년에는 15%로 떨어질 것으로 전망하는 이도 있다.(주필 조룡호·박문일, 883쪽) 어떤 학자는 조선족 사회가 지금 같은 마이너스 성장 문제를 해결하지 못할 경우 2050년이면 50만 명으로 감소될 가능성이 있다고 주장한

연변 조선족 부엌 함경도식 가옥의 변종. 두 개의 솥 사이에 있는 납작한 솥은 중국 솥으로, 쉽게 달구어지고 겨울에는 집안 난방에 좋다. 화톳불 대행으로 돌솥장을 끓이기도 한다.

다.(최삼룡, 109쪽)

　조선족 인구가 계속 감소하여 자치주 내에서 차지하는 비율이 갈수록 떨어지면 어떤 일이 발생할까?

　우선 자치주의 위기를 초래한다. 인적 구성원이 없는 자치주는 존립 근거를 상실한다. 다행히 자치주가 존립하더라도 조선족이 명실상부한 자치 권리를 행사하기 어려울 것이다. 실제 자치민족의 인구 구성 비율이 높아야 자치주 정부는 강력한 민족 정책을 추진할 수 있다. 그렇지 않고 조선족의 인구 구성비가 지속적으로 떨어진다면 조선족 자치주는 유명무실해지며, 이는 결과적으로 조선족 스스로가 자치 권리를 포기하는 것이나 마찬가지다.(허명철①, 269쪽) 이러한 상황에서 21세기에도 이전처럼 민족 특성과 민족 문화를 계속 보존하며 발전시켜 나가기가 쉽지 않다.

　또 인구 감소는 집단 거주지를 기반으로 하는 문화 영토의 축소를 가져온다. 그간 당연시되던 민족어 사용이 더 이상 용이하지 않다. 언어는 한 민족의 상징이므로 자신의 언어를 잃는 것은 민족성을 상실하는 것이나 마찬가지이다. 결국 민족 존립의 위기를 맞이한다.

　조선족 사회는 직면한 현상을 극복하지 못할 경우 민족 공동체의 해제가 불가피하다. 한 세기가 넘는 시대적 시련을 극복하면서 피눈물 나는 노력으로 형성된 조선족 공동체가 해제된다는 것은 결코 공동체의 바람직한 귀추가 아니다. 조선족 공동체는 유지되어야 한다.(황유복, 107쪽)

　"흩어지면 죽고, 뭉치면 산다."는 말이 지금의 조선족 사회에 꼭 들어맞는 말이다. 쌀에 뉘만큼도 안 되는 조선족이 흩어지면 민족성을 잃고 한족에 동화될 게 명약관화하다. 모여 사는 민족 공동체의 유지가 필수적이다.

2. 문 닫는 민족 학교

공동체 사회는 민족 교육의 전통적 기지이다. 그런데 여태껏 공고하던 조선족 공동체 사회가 개혁 개방 정책의 실시로 와해되기 시작하면서 민족 교육도 위기를 맞게 되었다. 교육 문제는 민족의 생존과 직결되기 때문에 다른 어떤 부문보다 파장이 크다.

그 문제를 해결하기 위해서는 현명한 지혜가 필요하지만 사실 뾰족한 방안을 마련하기가 쉽지 않다. 먼저 위기의 현황을 살펴보자.

조선족의 전통적 공동체인 농촌 지역에서는 인구가 급격히 줄어들어 자연히 학생 정원이 감소하고 있다. 구체적으로 흑룡강성 상지시 삼양향에 있는 조흥소학교 예를 들어보자.

1997년에는 한 명도 없던 입학 학생이 1998년에는 3명이 있었지만, 99년과 2000년 연속 2년 동안 또다시 입학 적령 아동이 한 명도 없었다.(리광옥, 311쪽)

연변 자치주 지역은 다른 지역에 비해 사정이 다소 낫기는 하지만 큰 차이는 없다.

[표9] 연변지역 소학·중학 신입생수

단위: 명

년 도	소 학			초급중학		
	농 촌	현 진	성 시	농 촌	현 진	성 시
1995	2,352	2,688	6,828	153	3,191	7,042
1998	1,147	1,671	3,903	86	2,644	7,235
1999	854	1,288	3,554	42	2,974	9,077

출처: 박금해, 288쪽

위의 표에서 보는 바와 같이 농촌 지역 학생 정원이 갈수록 큰 폭으로 감소하고 있다. 조선족 학생 수가 급속히 줄어들면서 어떤 현상이 일어났는가? 학교는 무엇보다 학생이 있어야 존재한다. 학생 없는 학교는 상상할 수 없다. 교사가 없거나 경비가 부족한 학교는 살려 갈 수 있으나 학생 정원이 고갈된 학교는 구제 불능이다.(황유복, 144쪽) 그런 학교는 문을 닫는 수밖에 없다. 조선족 공동체 사회의 많은 민족 학교들이 이런 처지이다. 아예 학교 간판을 내리거나 이웃 학교들과 합병되고 있다.

[표10] 연변지역 소·중학 수

년 도	소 학			초급중학		
	농 촌	현 진	성 시	농 촌	현 진	성 시
1989	188	31	15	52	29	8
1995	77	33	24	6	16	10
1999	43	31	22	0	13	18

출처: 박금해, 289쪽

[표11] 조선족 보통중학·소학교 현황(2001년)

	계	연길	도문	돈화	훈춘	용정	화룡	왕청	안도
보통중학	92	15	7	4	14	15	13	17	7
소학교	162	23	16	6	25	27	38	14	13

출처: 연변통계연감 2002(중국연변인민출판사)

조선족 자치주의 농촌 지역은 소규모 학교의 폐교나 통합으로 인하여 학교 수가 급속히 감소하였다. 그래도 자치주 이외의 지역에 비하면 훨씬 덜한 편이다. 예를 들어 흑룡강성에는 1990년에 조선족 소학교 382개, 중학교 77개이었지만 1997년에는 소학교 51개, 중학교 15개로 대폭 줄었다. 최근의 통계는 이보다 훨씬 심각할 것이다.

학생 부족으로 학교가 문을 닫는 와중에서 전 조선족들이 하나같이 안타깝게 여긴 일이 일어났다. 1908년 10월에 민족 유지들에 의해 세워진 유서 깊은 정동중학이 1999년 8월 문을 닫은 것이다.(허명철①, 266쪽) 이 학교처럼 아직 폐교 사태까지는 가지 않았더라도 농촌 지역 학교들은 앞으로 몇 년 내에 폐교될지 미래가 불투명한 실정이다.

그런데 흥미롭게도 농촌 학교가 폐교되는 모습은 한국과 너무 흡사하다. 조선족 사회도 한국과 마찬가지로 학생 정원의 고갈과 학교 규모의 축소, 교육의 질 저하 등으로 농촌 학교 교육이 부실해졌다. 이로 인하여 농촌에 남아 있던 사람들조차 자녀 교육을 위하여 무작정 도시로 진출한다. 자연히 농촌에서는 앞서 문제들이 더욱 심각해

졌다. 결국 인구 이동과 농촌 교육의 위축이라는 악순환이 되풀이되는 셈이다. 이러한 현상은 한국이나 조선족 사회에서 공통적으로 나타나고 있다.

한편 학교가 문을 닫는 과정에서 학생들이 중도에 학업을 그만두기도 한다. 1990년에 흑룡강성 조선족 초중생의 중도 퇴학률은 11～20%나 되었으며(주필 조룡호·박문일, 1015쪽), 1996년 이후에는 30%에 이르렀다.(박금해, 290쪽)

그런가 하면 한족 학교로 진학하는 조선족 학생도 늘어나고 있다. 폐교나 통합으로 인한 이유도 있지만, 중국에서 뿌리내리고 살기 위해서는 한어를 완벽하게 구사해야 하는 현실적인 필요성 때문이다.

필자는 연변 체류 당시 같은 아파트 단지에 살며 알고 지내던 소학교 4학년생이 상급 학년으로 올라가면서 한족 학교로 전학한 것을 직접 보았다. 그의 아버지는 민족 언론 매체에 근무하던 사람이어서 필자가 받은 충격은 더욱 컸다. 그러나 그의 부모는 전학을 하지 않으면 안 되는 현실적인 속사정을 털어 놓았다.

우리 애들도 우리와 마찬가지로 앞으로 계속 중국에서 살 사람들이 아닌가? 민족 학교에 다닌 우리들은 실제 한어가 서툴러 연변 밖을 나가기가 겁이 난다. 이 애도 마찬가지다. 그동안 조선족 학교에서 한어를 배운다고 배웠지만 별로 늘지 않았다. 이러다가 우리와 비슷해지지 않을까 걱정되었다. 아이의 장래를 위해서라도 한족 학교에 보내는 것이 바람직하다고 여겨져 전학을 시켰다.

더욱 충격적인 경험은 한 모임에 참석했던 소학(우리의 초등학교) 교사들조차 모두 자녀를 한족 학교에 보내고 있다는 이야기였다.

연변 조선족 자치주의 경우 1985년에는 조선족 소학생의 3.6%, 중학생의 6.16%가 한족 학교에 다녔지만, 1995년에는 각각 8.18% 와 7.43%, 1999년에는 각각 9.2%와 8.5%로 상승하였다.(박금해, 293쪽) 주도인 연길시의 경우는 한족 소학과 초중을 다니는 조선족 학생이 1998년도에 1,891명이었던 것이 1999년도에는 2,000명을 넘어섰으며, 안도현 명월진에는 2개 한족 학교에 재학하는 조선족 학생이 900명이 넘는다고 한다.(허명철①, 266~7쪽)

조선족이라면 당연히 민족학교에 다니던 시대가 더 이상 아니다. 현실적 필요성 때문에 한족 학교로 대거 몰리고 있다. 이 결과 민족 언어를 상실한 조선족 후대들이 늘어났다. 길림성 반석진의 예를 들어 보자. 조선족 청년 가운데 민족 언어를 모르는 자가 26~35세 사이에는 2.9%인데, 18~25세 사이는 24.2%, 소학생 가운데는 54.5%, 학령전 어린이는 무려 60.9%나 되는 것으로 조사되었다.(김병호·강기주, 129쪽)

조선족 사회는 개혁 개방 정책 이전까지만 해도 인구의 유동이 적어 공동체 사회를 비교적 온전하게 유지할 수 있었다. 그리고 공동체 속에서 민족 교육을 시행하여 왔다. 이 때문에 조선족은 압도적인 다수 민족 한가운데 놓인 소수 민족이면서도, 민족성을 살리고 민족 언어와 문자를 보존, 발전시키기는 것이 가능하였다.

그러나 지금 조선족 사회에서 민족 교육은 위기에 처해 있다. 민족 교육은 조선족 인구의 낮은 증가율과 대량 이동으로 인하여 갈수록 약화되고 이는 결과적으로 민족 정체성의 위기를 낳았다. 그야말로 우리 민족 언어와 문화를 모르는 가짜 조선족이 양산되고 있는 것이다. 민족의 앞날을 걱정하는 사람이라면 분명 이 문제에 대해 심각하게 고민하지 않을 수 없다.

21세기를 지향하는 민족 교육은 우선 새로운 가치관의 확립을 통해 민족이 당면한 문제점을 풀어가면서 21세기에 있어서 민족의 진로를 찾는 교육이어야 한다. 그리고 민족적 정체감을 갖고 세계 역사 흐름에 능동적으로 참여할 수 있는 긴 안목을 소유한 젊은 세대를 양성해야 한다.(황유복, 16~17쪽)

3. 동화의 위기

앞에서 제시한 소수 민족 위기의 모델에서 동화를 촉진하는 근본적 요인은 인구 문제라고 지적하였다.

현재 조선족 사회는 전반적인 인구 감소와 결혼 적령기 여성의 부족으로 심각한 내홍을 겪고 있다. 단순히 동화를 촉진하는 요인을 넘어서 조선족 사회의 기반을 위협하는 문제이다. 생태계의 법칙은 대를 잇지 못하는 종에게는 소멸만 존재한다는 사실을 알려준다. 90년대 중반부터 조선족 사회에 급부상하고 있는 인구의 마이너스 성장은 출생 인구의 급격한 감소로 대표되고 있기 때문에 문제의 심각성을 더한다. 백년을 넘게 자라던 거목이 뿌리의 끝 부분부터 갈라지고 있기 때문이다.(황유복, 153쪽) 13억 인구의 중국에서 다수 민족에 포위되어 있고 인구 규모도 미미한 조선족이 앞으로도 계속 줄어든다면 그 미래는 완전히 비관적이다.

결혼 적령기 여성들의 한국 유입 또한 동화를 촉진하는 요인이다. 조선족 여성들이 한국인과의 결혼으로 대규모로 빠져나가면서 남성들이 가정을 꾸리기가 어려워졌다. 가정은 근본적으로 출산의 기반이다. 그런데 가정을 제대로 구성하지 못하니 당연히 인구가 감소될 수밖에 없다. 나아가 이민족과의 결혼을 유도하여 이민족에의 동화에 보다 관대한 입장을 취하게 한다.

민족 공동체에서 도시로 이주한 이들의 사정은 어떨까? 중국의 개혁 개방 정책 이전 조선족 사회는 정체된 사회였다. 이러한 사회에서는 인구 이동이 거의 없어서 민족 집단 거주 지역에서 비교적 용이하게 민족 정체성을 보존한 채 생활할 수 있었다.

그러나 개혁 개방 정책은 조선족 사회에 중대한 과제를 던져 주었다. 인구 이동이 날로 증가함에 따라 민족 정체성 상실이 문제가 되었고 그동안 대수롭지 않게 여겼던 동화의 위기도 맞이하였다. 도시로 이주한 조선족들은 완전히 주류 민족에 포위된 공간에서 생활하기 때문이다. 이들은 일정 구역에서 집단 거주가 불가능하기 때문에 13억 중국이란 망망대해에 던져진 한 알의 좁쌀 같은 존재가 되었다. 그들의 일상은 언제든지 주류 민족에 동화될 위험에 노출되어 있다.

뿐만 아니라 주류 민족의 생활 방식을 모방하거나 흉내 내지 않고
서는 살아가기 어렵기 때문에 스스로 동화를 학습하기도 한다.

따라서 자치 구역 안에서는 별 어려움 없이 민족 정체성을 유지할
수 있었지만, 일단 도시로 이주하고 난 뒤에는 민족 정체성의 위기
상황을 맞는다. 개인 스스로가 특별한 노력을 기울이지 않으면 우리
말과 글조차 후대에 전승하기 어렵다.

일반적으로 다수 민족에 포위되어 있는 소수 민족이 동화의 길로
간다는 것은 상식에 속한다. 민족 동화의 조건으로 다음과 같이 지
적하는 학자도 있다.(리홍우②, 16쪽)

첫째, 민족 동화는 주도적 지위에 있는 민족이 종속적 지위의 민

용정시 개산둔진 선구촌 마을 밭일을 하는 주민들. 중국 조선족들은 민족 공동체에서 상부상조
하며 고단한 이국 생활을 이겨 왔다.

족에 대한 자세와 관련 있다. 일반적으로 주도적 지위의 민족이 종속적 지위에 있는 민족에 대해 너그러운 자세를 취하면 종속적인 민족 동화는 가능하다. 반면에 민족 압박의 방법으로 강압적으로 동화를 시도하는 경우 민족 동화는 어렵다.

둘째, 종속적 지위에 있는 민족이 기꺼이 동화를 받아들이면 민족 동화는 가능하다. 반대로 민족의식이 강하여 자기의 민족성을 집요하게 견지하는 경우 민족 동화는 어려워진다.

셋째, 한 민족의 수가 적고 다른 민족의 포위 속에서 생활하는 경우 그 민족의 동화는 어렵지 않다. 특히 후진 민족이 선진 민족의 포위 속에서 생활하는 경우 더욱 그렇다.

넷째, 한 나라의 소수 민족이 자기의 고국을 갖고 있거나 혹은 동족 국가가 따로 있고, 그 국가가 강대하거나 선진적이며 그와 여러 면으로 연계를 맺고 있으면 그 민족의 동화는 어렵다.

한편 다민족 국가에서 소수 민족의 인구가 많으면 많을수록 그 민족의 존속 가능성은 높지만 그렇지 않을 경우 존속은 어렵고 소수 민족이 집단적으로 거주하면 할수록 존속이 가능하지만 여러 민족과 함께 살면 살수록 동화 가능성이 크다는 주장도 있다.

이러한 동화의 요소를 조선족 사회에 대비시켜 보면 퍽 비관적이라는 생각이 든다. 조선족은 인구 규모가 중국 전체의 0.17%에 불과한 소규모 소수 민족이다. 나아가 조선족에게는 중국의 장족처럼 민족을 단합시키는 민족 종교도 없으며, 민족의식과 응집력도 그리 강하지 못하다.

그리고 조선족은 민족 집단 거주 지역을 떠나 도시로의 이주 행렬이 가속화되면서 주류 민족에 포위되어 생활하는 이가 늘어나고 있다. 이미 80년대 말에도 흑룡강성 하얼빈 시내의 경우 20세 이하의 조선족 가운데 약 70%가 민족 언어와 문자를 해독하지 못한다는 조사 결과(정신철, 124쪽)를 미뤄 볼 때, 현재는 민족어를 모르는 이가 훨씬 많을 것이다. 또 민족 문화 상실도 도시 거주 조선족에게는 심각한 상황이다. 한 할머니의 증언을 들어 보자.

한족과 결혼요? 에이 그런 말 하지 마세요. 우리 세대에는 상상도 못할 일이었소. 좋으나 싫으나 내 민족 남자하고 결혼한다 생각했을 뿐이지, 한족과 결혼할 생각은 꿈도 꾸지 않았소.

연변 지역에 거주하는 60대 이상 세대는 대부분 이 할머니와 비슷한 생각을 한다. 실제로 대부분 동족간 혼인을 해왔다. 지금의 젊은 세대는 다르다. 이들은 어릴 때부터 중국 인민으로서의 교육을 철저하게 받아 왔고 한족 문화에 충분한 적응력을 갖고 있기 때문에 한족과의 문화적 충돌이 비교적 덜하다.

그러므로 이민족과의 통혼을 관대하게 여기며 통혼이 어찌할 수 없는 대세가 되었다. 북경시 거주 조선족을 대상으로 한 조사에 따르면 1세대의 타민족 통혼 현상은 3%를 넘지 않고 2세의 통혼은 10%를 초과하지 않지만 북경에서 자란 3세는 80% 이상이나 통혼을 한 것으로 나타났다.(정신철, 124쪽)

일상생활 언어로 주류 민족의 언어를 사용하고 주류 민족과의 혼인이 자연스레 이루지는 현실은 동화를 부추기기에 충분한 것으로 위기감을 느끼지 않을 수 없다.

더구나 조선족을 포위하고 있는 중국 주류 민족인 한족은 어떤 민족인가? 한마디로 그들은 다른 민족을 자신의 민족에 동화시키는 데 귀신이다. 세계적으로 응집력이 강하기로 유명한 민족이 유태 민족이 아닌가? 유태 민족마저 중국에서는 소리 소문 없이 자취를 감춘 역사적 사례가 있다. 유태인들은 12세기 중엽 중국 개봉 지역에 이주하여 살았는데, 가장 많을 때에는 73개 성씨에 4, 5천명이나 되었다고 한다. 그런데 이들은 몇 세기를 거치면서 점차 한족에 동화되어 오늘날에는 흔적조차 찾아볼 수 없게 되었다. 유태인이 자신의 민족성을 상실한 사례는 세계적으로도 드문 일이기 때문에 많은 학자들이 이 역사적 사건의 비밀을 캐기 위해 매달리고 있다.

뿐만 아니라 한족은 그들을 지배했던 원나라 몽골족이나 청나라 만주족마저 자신들에게 동화시킨 민족 아닌가? 이는 중국 문화의 근본 사상인 중용지도 때문에 가능했다는 견해가 우세하다. 중용 사상은 절대주의나 획일주의, 배타주의가 아니어서 다른 민족을 품에 안을 수 있었다는 것이다. 마치 나긋나긋한 버드나무 가지가 딱딱한 나뭇단을 묶을 수 있는 것처럼 말이다.

이렇다 보니 순수한 한족은 드물다. 오늘날의 한족은 90여 개 민족이 동화되어 이루어졌다는 주장이 있다. 중국 과학원 유전연구소 연구원인 두약보 교수는 한족의 70~80%는 원래의 한족이 아니라

다른 민족 구성원들로부터 동화되어 넘어 온 사람들이라고 주장한
다. 동화에 특출한 재능을 가진 한족에 포위된 조선족이 지금껏 자
신의 존재를 지키고 있는 것은 놀라운 일이다.

그렇지만 오늘날 조선족 사회는 동화를 유인하는 조건이 갈수록
강화되어 예전에 미처 느끼지 못했던 동화 위기에 완전히 노출되어
있다. 그 위기감도 갈수록 조여 든다. 동화는 민족의 존망과 관련된
문제이다. 따라서 이 위기를 극복하지 못하면 조선족 사회의 붕괴는
가속화할 것이다.

단지 반 동화적인 긍정적인 요소라면 한국이라는 모국의 존재이
다. 현실적인 이유 때문에 동화로 나아가는 요인, 즉 민족성을 이탈
하려는 원심력이 존재한다면 실제 강대국으로 인식된 모국 한국의
영향력은 그런대로 민족성의 구심력으로 작용한다. 한국의 방송을
보고 한국의 고급 물건을 사용하면서, 실상보다 부풀려진 한국의 발
전상을 입소문으로 들으면서 같은 민족으로서 자긍심을 갖는다. 그
자긍심은 자신의 민족성을 보존하려는 노력을 더욱 채찍질한다.

동화의 원·구심력

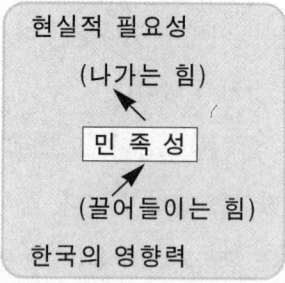

조선족들이 중국 대륙에서 영원히 우리 민족성을 유지하여 자부심을 갖고 살아갈 수 있다면 얼마나 다행스런 일인가? 그런데 여기서 주의를 기울일 부분이 있다. 중국 조선족 사회는 한국과 중국 두 나라 문화의 성격을 모두 띠고 있어, 경우에 따라서 어느 문화권에 더 기울어질 수 있고 덜 기울어질 수 있다는 점이다. 모국의 국제적 위상이 미미하고 문화가 건전하지 못하면 조선족 문화는 중국 지향성이 강할 것이다. 반면에 모국 문화가 건전하고 경제력과 정치적 영향력이 강대하면 조선족 사회의 동화현상은 그리 신경을 쓰지 않아도 된다. 많은 중국인들이 한국 문화를 배우려는 상황에서 조선족이 모국 문화를 무시하거나 등한시하는 일은 없을 것이기 때문이다. 오히려 조선족 사회는 필연적으로 모국 문화를 지향하면서 발전할 것이다.

따라서 한국이 경제적으로 부강하고 문화적으로 건강하다면 그 자체로도 이주 민족의 동화를 방지하는 작용을 한다.

4. 민족 정신의 훼손

조선족을 보면 정말 신기하다. 흥청망청 마시고 노는 데 드는 그 많은 돈이 어디에서 나오는지 알다가도 모르겠다. 술을 얼마나 많이 마시는지 손님 중에는 자기 집도 못 찾는 사람이 있다. 그런 손님을 만나면 정말 낭패를 본다. 우리 택시를 타는 손님은 한족

보다 조선족이 훨씬 더 많다. 이들 조선족들이 택시를 타지 않으면 우리는 당장 굶어 죽을 판이다.

혹시 연변에서 택시를 타고 가다가 한족 기사를 만나면 조선족을 어떻게 생각하느냐고 한번 물어 보시기 바란다. 조선족은 교육열이 높고 청결하다는 등의 칭찬을 늘어놓다가 종국에는 위와 같은 말을 듣게 될 것이다. 다민족의 중국에서 다른 민족을 흠잡는 얘기는 가급적 하지 않는 것이 불문율인데도 한족들이 이런 말을 쉽게 한다는 것은 여간 심각한 문제가 아니다. 물론 이는 한족뿐만 아니라 조선족 스스로도 인정하는 바이다.

한족들이 돈을 안 쓴다고 하는데, 사실 맞는 말이다. 우리는 그렇게 못한다. 몇 년을 살 거라고 그러는지 모르겠다. 우리는 돈이 떨어져서 내일 당장 빌리는 한이 있더라도 오늘 먹을 것은 먹고 마셔야 할 것은 마셔야 한다. 그것이 인생 아닌가?

이렇게 생각하는 조선족도 적지 않다.

자치주 내의 여러 지역을 여행하다 보면 야유회 나온 사람들이 고주망태가 되도록 술을 마시고 덩실덩실 춤추는 모습을 종종 본다. 정말 친숙한 광경이다. 봄·가을, 한국의 물 좋고 산 좋은 어느 곳에서나 볼 수 있는 모습 그대로이다. 어쩌면 한반도의 민족 주류와 그렇게 똑같은지 정말 신기할 정도이다.

조선족은 다민족 국가인 중국에서 풍류를 좋아하는 문화 민족으로 소문 나 있다. 이를 부정적인 말로 바꾸면 음주가무를 즐기고 소비 지향적이라는 의미이기도 하다. 흥에 겨워 시간과 금전을 흥청망청 탕진한다. 조선족은 전통적인 명절 이외에도 '3·8 국제부녀절' '6·1 국제아동절' 등 정치적 색채를 띤 기념일도 모여 노는 날로 여기며, 사회적으로 노인 공경의 기풍을 세우기 위해 정한 '8·15 노인절'도 노는 날로 변모시켜 버렸다. 이러한 기념일에 한족들은 아무런 행사도 하지 않지만 조선족 마을에서는 적어도 하루는 모여서 마시고 노는 풍습으로 변한 것이다.(정신철, 230쪽)

조선족의 이러한 소비 지향성은 조선족 자치주 주도인 연길시가 중국의 대표적인 소비 도시라는 사실에서 잘 드러난다.

연변의 1인당 술 소비량은 이미 90년대 초반에 중국 전국 평균 술 소비량의 17배나 된다는 통계가 있다.(최삼룡, 100쪽) 연길 시내에는 눈을 돌리는 곳마다 한국의 주점에 해당하는 다방 간판이 뜬다. 다방의 대부분은 조선족이 운영하며 이용자도 대부분 조선족이다. 특히 밤늦게까지 술을 마시는 사람들은 대개 조선족들이며 정신을 가누지 못할 정도로 마시는 사람들도 많다. 술을 마시고 나와 거리에서 와자지껄하게 떠들거나 싸우는 추태도 예사이다. 낮에도 거나하게 술을 마시는 이들을 자주 본다.

가라오케도 인구 비율로 따지자면 연변 지역이 중국 전역에서 가장 많을 것이다. 운영자도 민족 구성 비율로 따지더라도 조선족이 다른 민족보다 훨씬 많다. 연변 지역만 그런 것이 아니다. 북경에도 '

전체 가라오케 주점의 66%는 조선족이 운영한다고 한다.

　왜 가라오케를 운영하느냐 하면 그게 우리 민족의 성정에 맞기 때문이다. 이걸 하다 보면 술도 쉽게 마실 수 있고 마이크를 잡고 노래를 부르고 싶을 때 마음대로 할 수 있으니 얼마나 좋은가? 더욱이 다른 육체노동보다 쉽기도 하고. 그래서 많은 조선족들이 가라오케를 하려고 한다.

　조선족들이 운영하는 유흥업소 가운데는 퇴폐적인 행위를 하여 문제가 되는 경우도 자주 있다.(주필 조룡호·박문일, 1013쪽) 업주들은 많은 매춘녀를 확보해야 하기 때문에 농촌 처녀들의 가출을 부추기

마을 오락회 조선족은 다민족 국가인 중국에서 풍류를 좋아하는 문화 민족으로 소문 나 있다.

고 있으며 심지어 고등학교 여학생들의 중퇴 현상도 이와 무관하지가 않다.(황유복, 137쪽) 전국적으로 가라오케에서 일하는 조선족 여성은 수만 명이나 되는 것으로 추산한다. 일부는 직업적으로 매춘을 한다. 그리고 유흥업소와 연결된 조선족 깡패들은 사회 질서를 파괴하여 조선족의 이미지를 흐리고 있다.

연변의 용정시에는 일대에서 가장 큰 홍등가가 있는데 그곳 직업 여성들은 한족보다 조선족이 훨씬 많다고 한다. 옛날에는 중국 사회에서 조선족이라 하면 예의 바르고 교육을 숭상하며 문화 소질이 높은 문명 민족으로 평가를 받았다. 현재는 조선족이라 하면 가라오케와 조선족 아가씨를 연상할 정도로 이미지가 훼손되어 버렸다. 조선족이 언제부터 유흥업소를 주름잡는 민족이 되었는지, 그 사실을 어떻게 설명해야 할지 막막해진다.

조선족의 높은 소비성을 볼 수 있는 또다른 것은 연길 시내에 있는 수많은 음식점들이다. 연변 조선족 사회에서는 돈을 벌기 위해서는 먹고 마시는 장사를 해야 한다는 말이 회자되고 있다. 그만큼 조선족들은 마시고 먹는 데에 돈을 많이 쓴다는 말이다.

도시나 외국에 나가서 뼈 빠지게 일하여 벌어 온 돈을 저질적인 유흥 장소에 탕진해 버리거나 향락적인 고소비에 흥청망청 써 버린다. 중국 조선족 사회가 경제적 빈궁에서 벗어나지 못하는 주된 원인이다. 버는 족족 먹어 버리고 마셔 버리고 써 버리고 빚을 내서도 그렇게 하니 경제상의 확대 재생산을 가져오지 못하며 미래의 발전을 확신하기가 어렵다.

한족들은 조선족들의 흥청망청 소비를 보면서 "조선족 너희들이 해외에 가서 돈을 많이 벌어 오지만, 결국은 그 돈이 우리 손에 들어오지 않느냐." 하고 회심의 미소를 짓는다고 한다. 근검절약을 미풍으로 알던 우수한 생활 전통이 흔들리고 대신 돈 잘 벌고 잘 쓰는 민족으로 야유 받을 정도이니 참으로 한심스럽다는 자성도 없지 않다.(주필 조룡호·박문일, 820쪽)

조선족 사회에 만연하는 이러한 향락주의는 배금주의와 한탕주의를 낳았다. 돈을 벌기 위해서는 불법도 서슴지 않아 물의를 일으키고 있다.

우선 사기 범죄가 많다. 지난 90년대 연변 지역에서 발생한 가장 유명한 사기 사건은 한 사영 기업주가 2억여 위엔을 사기한 사건인데, 주범은 조선족 여성이었다. 이 여성에게 사기당한 피해자들도 대부분 조선족들이다. 이들은 쉽게 벌 수 있다는 생각으로 돈을 맡겼다가 결국 피해를 본 것이다.

차근차근 성실하게 일해서 돈을 벌 생각을 하지 않는다. 특출한 기술이나 능력이 없을지언정 한 달에 몇백 위엔짜리 일은 성이 차지 않는다. 그래서 모두들 한국에 가 한몫 잡으려고 안달을 한다.

우리 세탁소에서는 한 달에 5백위엔을 준다. 조선족 부녀자들은 세탁소에서 빨래하는 일이 힘들다며 아예 기피하고 어쩌다가 한번 온 사람도 사나흘을 견디지 못한다. 반면에 한족들은 다르다. 그들은 제발 일을 하게 해 달라고 통사정을 한다. 우리 조선족이 정말 큰일이라고 생각한다.

내몽골 자치구에서 대학을 졸업하고 연길 시내에서 세탁소를 운영하는 또순이 여사장은 조선족의 불성실과 나태를 질타하며 민족의 장래를 걱정하였다.

또한 손님들에게 골탕을 먹이는 상인도 조선족의 이미지를 흐리게 한다. 터무니없는 가격으로 바가지를 씌우거나 질이 떨어지는 물건을 마치 좋은 상품인 것처럼 속이는 것을 상술로 여기는 사람이 많다. 한족 상인들과 비교해 보면 조선족 상인들에게는 분명 문제가 있다. 연변 지역 한국인 식당 업주들은 "조선족 상인들은 단골손님이다 싶으면 가격이나 물건의 질을 속이려고 드는데 반해, 한족 상인들은 단골일수록 우대한다."고 말한다. 결국 누가 더 많은 고객을 확보할 수 있겠는가? 눈앞의 이익에만 멀어 큰돈을 놓치는 조선족 상인들의 단견이 가엾다.

한편 조선족 사회는 가정의 해체가 심각한 수준에 이르렀다. 최근 몇 년 간 조선족의 이혼율은 이미 30% 선을 넘어섰다고 한다. 90년대 초의 한 조사에 따르면 당시 연길시의 이혼자 가운데 조선족이 72.4%, 한족이 25.5%, 기타 민족이 2.1%였다.(리동근, 289쪽) 인구 구성 비율로 따지더라도 조선족의 이혼율이 다른 민족에 비해 월등히 높다. 이는 해외 취업으로 부부가 장기간 헤어져 있는 것도 원인이지만 이혼에 대한 심각한 고려가 적은 것도 문제이다. 자신의 편의와 행복을 위해서는 가정이 파괴되어도 되고 자식을 팽개쳐도 된다는 분위기이다.

　실제로 소학교 교사 출신의 한 여성은 이혼을 하고 딸아이를 자신이 맡았다. 그러나 그 아이를 자신의 부모에게 떠넘기고 한국에서 5년간이나 일하고 중국으로 돌아왔으며 또다시 한국행을 준비하고 있었다. 아이에 대한 관심과 장래에 대한 고려가 있다면 어떻게 그런 일을 할 수 있을까? 가정의 화목을 돈벌이나 자신의 편의 뒷전으로 여기는 데서 가정이 파탄된다.

　활발한 해외 진출로 인해 발생하는 이산 부부의 문제도 적지 않다. 외간 남자나 여자를 만나 불륜 행위를 하면서 배우자로부터 송금된 돈을 몽땅 탕진해 버리는 경우도 있다.

　다민족 사회에서 소수 민족이 제대로 생활하기 위해서는 무엇보다 민족 구성원 각자가 온전한 의식을 지녀야 한다. 의식이 건전하지 못하면 거친 물결에 쉽게 휩쓸릴 뿐더러, 다른 민족의 비웃음을 사기 십상이다. 줏대를 세우지 못하고 자존을 지키기도 어렵다.

　소수 민족에게 가장 중요한 것은 자존이다. 자존은 동화의 위협으로부터도, 정체성의 위기로부터도 소수 민족 자신을 방어할 수 있는 가장 효과적인 무기이다. 조선족이 자존을 지키며 중국 대륙의 주인으로서 당당하게 살아가려면 다른 민족들에게 존경을 받을 만한 의식을 스스로 지녀야 할 것이다.

5. 위기 - 그러나 새로운 희망 찾기

앞에서 살펴본 대로 현재 드러난 조선족 사회의 모든 위기 현상은 출발점이 인구 이동이다. 기존 민족 공동체에서 민족 특성을 유지한 채 생활하던 이들이 도시로, 외국으로 하나 둘씩 이주하면서 조선족 사회는 민족성의 소멸, 다시 말해 주류 민족에 동화될 위기를 맞고 있다.

그러나 민족 사회를 위기로 내몰고 있다고 해서 구성원들의 이주를 막을 수는 없다. 물론 그렇게 해서도 안 된다. 왜냐하면 농촌 인구가 도시로 이주하는 것은 근대화 과정에서 필연적으로 나타나는 현상이기 때문이다. 만약에 조선족 사회만 그런 과정을 거치지 않고 이전과 마찬가지로 여전히 농업에만 종사한다면 다른 민족에게 영원히 뒤쳐지게 된다.

그런데 지금 조선족 사회가 겪는 위기의 변화상을 보며 거꾸로 희망을 이야기하는 지식인도 없지 않다. 그들의 문제 의식이 약해서가 아니라 민족의 저력을 믿기 때문일 것이다. 조선족 사회의 중견 문인인 류연산 선생이 그런 견해를 가진 대표적인 사람인데, 그가 필자에게 들려준 희망의 근거는 이렇다.

첫째, 해외에 나가 있는 조선족들이 송금하는 돈이 조선족 사회의 경제적 기반을 구축하고 있다. 현재 해외에 출국한 조선족은 한국에 있는 20만 명을 포함해 대략 30여만 명으로 추산되는데, 이들이 송금한 돈은 연변 지역에서만도 2002년 한 해 동안 공식적으로 4억 7천만 달러에 이르렀다. 이는 주 정부 재정 수입의 두 배에 상당한 규모이다. 비공식적으로는 10억 달러에 육박할 것으로 보는 이도 있다. 이러한 엄청난 수입은 연변의 경제, 문화, 교육을 지탱하고 변화의 발판을 마련하며 조선족 사회의 도약을 약속하는 종잣돈이나 다름없다.

둘째, 모국 한국에 유학하는 조선족 학생이 천여 명에 이른다. 대부분 석·박사 과정을 수학하는 이들이 학위를 받은 뒤 중국에 들어오면 조선족 사회의 중추가 될 것이고 조선족 사회에 새로운 전기를 불러일으킬 것이다. 그때가 되면 조선족 사회는 지적 기반이 보다 탄탄해지고 자기 사유를 가진 사회가 되어 물질 못지 않게 정신도 풍요로워질 것으로 전망한다.

셋째, 해외 출국자로 인하여 민족 성원이 줄어들고 있다고 주장하지만 대신에 새로운 민족 성원이 충원되고 있다. 현재 중국에는 한국인 25만 명, 그리고 북한인과 해외 동포 5만 명 등 30만 명에 이르는 우리 민족이 조선족과 더불어 생활한다. 민족 성원이 새롭게 교체되고 있을 뿐이지 감소하고 있는 것이 아니다.

이들 민족 성원들은 새로운 집단 거주 지역을 형성하여 기존 공동체의 상실에 따른 대안을 제시한다. 북경 거리에서도 다정한 우리말을 손쉽게 들을 수 있고 상해나 청도에서도 심심찮게 우리 동포를 만날 수 있다. 모래알처럼 흩어져 살던 이들이 차츰 모여서 집거구로, 말하자면 '타운'을 이루기 시작했다. 코리아 타운, 옛날에는 꿈도 못 꾸던 일이 점차적으로 그 윤곽을 형성하기 시작했다. 지금 조선족과 조선, 한국 사람들이 밀물처럼 모여들고 있다.(김철, 3쪽) 한마디로 지난 백여 년의 농경 이민사가 현대 산업 진군사로 탈바꿈하고 있는 것이다.

넷째, 해외 경험을 한 조선족들이 증가하면서 민족 사회의 질이 바뀌고 있다. 이들은 한국을 비롯한 선진 사회에서 배우고 느낀 바가 많기 때문에 조선족 사회의 질적 변화를 앞당긴다. 특히 한국 체류 경험자들은 민족의 전통 습관과 문화, 윤리를 배웠다. 농촌 사회에서조차도 한국에 다녀 온 사람들은 말 하나하나, 행동거지 모두가 이전과 질적으로 달라졌다.

마지막으로 한족들 사이에서 일고 있는 한국 배우기는 조선족들로 하여금 민족에 대한 자부심을 가지게 하기에 충분하다. 연길 시내에서 택시를 운전하는 한 한족 기사의 이야기를 옮겨 본다.

한국에 가서 3년 동안 일하면서 많은 돈도 벌었고 좋은 사람들을 많이 만나 한국에 대해 참 좋은 이미지를 가지고 있다. 그래서 내 딸을 한국 대학에 유학 보내려고 지금 조선족 중학교에 보낸다. 마치 조선족처럼 말을 구사하는 내 딸을 보면 참 자랑스럽다.

이런 한족들을 보면서 조선족 가운데는 우리 것에 대한 자부심을 가지는 이들이 많아졌다. 이들 조선족들이 민족어를 등한시하거나 민족 풍습을 상실할 가능성은 희박하다.

이상의 지적들이 앞서 우리가 제시했던 위기의 현상들을 제어할 만한 강한 힘을 가지고 있는지는 의문이다. 그렇지만 이러한 견해에 귀를 기울여 보면 조선족 사회가 겪고 있는 현재의 변화가 꼭 위기만이 아니라 한 단계 성숙하는 과정의 진통일 수 있고, 새로운 희망 찾기도 가능하다는 믿음을 준다.

그런 측면에서 우리는 조선족 사회가 현재 직면한 문제의 출발점, 다시 말해 인구 이동 현상을 전제로 하여 그에 대한 발전적인 대안을 모색해야 할 것이다.

첫째, 조선족이 많이 진출한 도시 지역에도 새로운 민족 집단 거주 지역을 조성하도록 해야 한다. 조선족은 이제 더 이상 농촌에서만 정주하지 않으며 끊임없이 도시로 도시로 이주하고 있다. 주로 이주하는 지역은 수도 북경을 비롯하여 상해, 대련 등 한국인들과 한국 업체가 대규모로 진출해 있는 도시이다. 여기에다 집단 거주 지구를 건설한다면 도시 이주에 따른 문제의 상당 부분을 해결할 수 있을 것으로 본다.

이 집단 거주지에서 민족 구성원들끼리 공동체적 삶을 유지할 수 있고 자치주 안에서처럼 민족 학교를 건립하여 민족 문화를 전승할 수도 있다. 이렇게 되면 단순히 삶의 터전을 이전의 농촌에서 도시로 옮긴 정도에 불과하기 때문에 도시 이주로 인하여 발생하는 부정적인 현상의 상당 부분을 방지할 수 있을 것이다.

둘째, 조선족이 대거 거주하는 도시 지역에 새로운 민족 공동체를 건설하기 전에 한글 학교의 설립을 검토할 필요가 있다. 정규 학교

과정은 아니더라도 민족어를 가르치고 민족 풍습을 교육하는 대안 학교 형태라도 충분하다. 오늘날 조선족들은 자녀들이 한어를 완벽하게 구사하기를 바라고 한족 학교에 진학시키려는 추세이기 때문에 이러한 형태의 학교는 앞으로 더욱 필요할 것이다. 이미 운영 중인 북경 한국어 학교의 성과를 보듯이 대안 학교 형태의 한글 학교는 충분한 의미가 있다.

제6장 조선족 사회와 모국의 관계

한국은 이주 민족 정책이 한동안 없다시피 하였다. 굳이 말하자면 방관적 내지 융화적 정책이라고 할 수 있을 것이다. 이주민들이 거주 국가에서 잘 융화되어 그 국가의 주류 사회에 진입하도록 하는 것이 정책의 목표라면 목표였다. 주류 사회에 편입되면 바로 한민족 네트워크의 외연이 확장되는 것이나 다름없다는 관점이다. 정부가 이런 정책을 펼 수밖에 없었던 사정도 물론 이해가 되지 않는 것은 아니다. 중국과 구 소련은 냉전시대에 적성 국가였던 만큼 그곳에 거주하는 조선족과 고려인에 대해 원천적으로 지원의 손길을 내밀 수 없었다. 미국과 일본에 사는 우리 민족에 대해서는 해당 국가의 소수 민족 정책상 적극적인 정책을 펴지 못했던 것이다.

먼저 미국의 경우를 보자. 미국은 여러 종족, 민족과 문화 배경을 달리하는 사람들이 모여 살면서도 동질화 또는 동화된 사회를 이룩해 나가는 것을 기본 이념으로 삼는 나라이다. 그래서 미국 문화를 흔히 도가니(melting pot) 문화라고 부르기도 한다.(황유복, 124쪽) 이런 국가에서 생활하는 소수 민족에게 도가니 속에 용해되지 말고 민족적 특성을 고스란히 견지하기를 바라는 것은 불가능한 일이다.

일본은 근본적으로 단일 민족 사회를 지향하고 단일 민족 문화를 강조하므로 소수 민족의 존재에는 그다지 의미를 두지 않는 나라이다. 오래 전 자기 나라에 정착한 이민족에 대해서도 자국민과 같은 획일적인 교육을 요구한다. 그들이 가능한 빠른 기간에 자기들 문화에 동화될 것을 바란다. 이같이 미국이나 일본이 반 소수 민족적 정책 성향을 보여 왔기 때문에 그 나라에 사는 우리 민족에게 취할 수 있는 정책에도 한계가 있었다.

이런 실정이다 보니 이주 민족에게 민족 정체성을 확립하기 위한 지원 문제는 자체 능력 여부를 떠나 상당한 한계를 내포하고 있었다. 전 세계에 흩어져 있는 우리 민족을 하나로 묶는다는 이른바 '한민족 네트워크'(연변대학 허명철 교수는 세계 각국에 있는 한민족과의 교류에 있어서 현실적인 경제 문화 교류와 인적 왕래도 중요하지만 시간적·공간적·경제적 방면의 요소를 고려하고 한반도는 물론 세계 각국에 거주하는 한민족의 인적 자원과 문화 자원을 보다 효과적으로 활용하기 위해서는 현실 정치 이념 관계를 초월한 슬로건으로 한민족 네트워크를 권장한다.; 허명철③, 490쪽)라는 말도 얼마 전에 나온 용어이며 해외에 거주하는 훌륭한 동포를 격려하기 위해 마련된 시상 제도도 그리 오랜 역사를 갖고 있지 않다.

해외 이주 민족에 대한 관심이 이 정도로 낮았으나 근년에 들어 한국 정부도 이전보다 많은 관심을 기울이고 있어 다행스럽다. 그러나 이주 민족에 대해 관심을 갖고 지원을 하더라도 자국민으로 혼돈해서는 안 된다. 그것은 무관심보다 더 무서운 행위로 이주 민족에게도 결코 득이 되지 못한다. 자칫 잘못하면 그들을 거주 국가에서 고립시키고 주류 민족과 반목·갈등을 야기시킬 수 있다.

그렇다면 동일 민족이면서도 다른 국가의 국민이 된 이주 민족에 대해 어떤 수준, 어떤 형태의 지원이 바람직한가? 이를 진지하게 고려해야 한다. 거주 국가를 자극하지 않으면서 실질적인 효과를 거둘수 있는 이주 민족 정책은 매우 중요하다. 먼저 이주 민족인 해외 동포란 어떤 존재인지 이광규 교수의 지적을 들어보자.

> 해외 동포란 우리나라의 민간 외교관인 동시에 우리 제품의 외판원이며 우리 문화의 홍보관인 것이다. 한국은 이렇게 중요한 역할을 수행하고 있는 해외 동포를 5백만이나 갖고 있다. 이들은 우리나라가 국제화 시대에 활용할 수 있는 귀중한 인적 자원인 것이다.(이광규, 188쪽)

조선족의 경우만 해도 그렇다. 한반도와 인접한 외국에 2백만의 민족 성원이 존재한다는 사실은 민족 주류 입장에서 보면 대단한 원군이다. 조선족의 존재 자체만으로도 중국은 한반도를 무시하기 어렵다. 또 한·중 관계에 있어서 조선족이 수행한 역할을 돌이켜보자. 두 나라 관계는 짧은 수교 기간에도 불구하고 세계사적으로 유래를 찾기 어려울 정도로 확대·심화되었는데, 그것은 중국 속에 사는 우리 민족인 조선족이 있었기에 가능하였다.

조선족뿐만 아니라 해외에 뿌리를 내리고 사는 우리 민족은 한민족 모두의 크나큰 자산이다. 중화 경제권을 형성하며 서로 돕고 있는 한족들에게 우리는 교훈을 얻어야 한다.

이런 관점에서 우리는 앞으로도 이민을 장려해야 할 것이다. 언제까지나 이 좁은 땅 덩어리에서 수많은 사람들이 북적거리며 삼천리 금수강산을 노래하며 살아가야 한다는 말인가? 부조리와 부패, 범죄가 왜 우리 사회에 만연하고 있는가? 한정된 땅에서 나오는 파이(pie)를 많은 사람들이 나누어 먹어야 하는 현실은 서로를 경쟁자로 인식하게 한다. 서로 갈등을 빚고 반목을 하며 경우에 따라서는 적대적 감정까지 갖게 만드는 것이다.

보다 많은 사람들이 해외로 나가서 자신의 삶을 새롭게 개척하는 것이 바람직하다. 본인들에게도 도움이 될 뿐더러 남아 있는 사람들에게도 이득을 주는, 윈윈게임(win-win game)이 바로 이것이다.

1. 조선족의 대한국관 변천

2차 대전이 종료된 직후부터 지속된 냉전 체제가 구 소련 연방의 붕괴로 종식될 때까지 한국과 조선족 사회는 모국과 이주 민족이라는 밀접한 관계에도 불구하고 전혀 접촉할 수 없었다. 그 후 냉전 시대가 막을 내리고 중국이 개혁 개방 정책을 펴면서 한·중 관계가 호전되자 한국과 조선족 사회도 새로운 국면을 맞았다.

1988년 서울 올림픽 이전 한·중 두 나라 사이에 비공식 수준의 미미한 접촉이 이루어지면서 조선족은 한국이라는 모국을 서서히 인식하기 시작했다. 그로부터 겨우 십수 년이 흘렀지만, 단절되었던 기간에 비하면 여전히 짧은 시간에 불과하다. 그 조차도 상대방의 변화된 모습을 냉철히 살피며 이성적으로 차분히 접근한 것이 아니었다. 오랜 세월 헤어져 있던 혈육을 만나는 심정이었으므로 머리보다는 가슴으로 만난 상봉이었다.

더욱이 그 이전까지는 한국을 입에 담는 행위 자체만으로도 극히 불온하고 사회주의 형제 국가이자 또 다른 모국인 '조선'에 대해 무례한 짓이라고 여겼기 때문에 한국의 존재를 객관적으로 살피지 못했다. 따라서 한국에 대해 정확한 지식을 가질 수 없었다.

이제 조선족에게 한국은 현실적으로 싫든 좋든 간에 경시하기 어려운 나라이다. 그동안 조선족의 마음속에 모국으로 굳건하게 자리잡고 있던 '조선'을 대체했거나 적어도 양립하게 되었다. '굶어 죽는 사람이 허다한' '조선'이라는 모국에 대한 보상 심리를 '중국 사람도 부러워하는' 한국에서 찾는 마음이 조선족의 심리를 지배한다.

그러나 조선족의 마음속에 한국은 항상 아름답고 정다운 모습으로만 존재하지 않는다. 마치 연인들처럼 알면 알수록 미워지다가도 그 미움이 따사한 햇살에 눈 녹듯이 한 순간에 녹아서 헤어지지도 못하는 미묘한 관계이다.

조선족은 구체적으로 한국이란 모국을 어떻게 받아들이고 있을까? 특히 조선이라는 또 하나의 모국과 관련하여 한국을 어떻게 느끼고 있을까? 조선족이 한국에 대해 갖는 심리적 기저는 상당히 복잡하고 미묘하다. 그 이미지는 고정되어 있지 않고 시차를 두고 변화해 왔다.

우선 한국은 그들 선인들의 나라이기 때문에 자신들의 뿌리이며, 같은 말을 사용하고 같은 문화를 지닌 동일 민족의 주류들이 사는 나라로 인식한다. 이는 조선족으로 태어난 이상 부인할 수 없는 사실로 한국을 태생적인 모국으로 보는 시각이다.

둘째, 상반된 이데올로기를 지닌 나라로 보는 관점이다. 특히 또 다른 모국이자 자신들과 이데올로기의 특별한 동반자였던 '조선'과 지속적으로 대립하는 나라로 여긴다. 모국이면서도 한때는 총을 겨누기도 한 존재가 바로 한국이다.

셋째, 어느 날 갑자기 조선족 앞에 나타난 한국은 모국으로서 자부심을 지니기에 충분한 경제 대국이었다. 그들은 한국을 통해 경제적 기반을 구축하고자 하거나 결혼 등을 통해 한국으로 영구 이주를 시도하기도 한다.

넷째, 자신들을 동포로서 특별 대우를 해 주지 않아 서운하게 느낀다. 한국에서 취업 경험이 있는 조선족들이 "갈 때는 조선민족이었는데 도리어 중국 사람이 되어 돌아왔다."고 하는 말 속에 그런 감정이 묻어 있다. 그리고 한국인을 거만하고 실익만 챙기는, 위화감을 조성하고 피해를 주는 존재로 인식한다.

이를 정리해 보면 다음과 같다.

모국이지만 → 이념적으로 갈등의 골이 깊었다 → 그런데 알고 보니 잘 사는 나라다 → 그러나 동포를 제대로 대접해 주지 않으며 때로는 피해를 주기도 한다.

중국 인민이 된 조선족이 중화인민공화국 건국 이후부터 지금까지 모국 한국에 대해 느끼는 감정을 시차적으로 단순화해 보았다. 이러한 감정 변화를 좀 더 구체적으로 살펴보기로 하자.

(1) 한국은 모국이다

조선족은 구한말 국세가 약해진 상황에서 발생한 우리 근대사의 비극적 희생자들이다. 그들의 선인들은 가난에 쪼들려 두만강을 건넜거나 아니면 독립운동을 하기 위해 중국으로 건너간 이들이다. 모국 땅에서는 제대로 된 삶을 누릴 수 없었기 때문에 어쩔 수 없이 중국으로 삶의 무대를 옮겼다. 나라가 태평성대였거나 적어도 정상적인 상황만 되었더라도 이런 일들은 일어나지 않았을 것이다. 그랬더라면 오늘날 중국 인민을 구성하는 소수 민족으로서의 조선족도 존재하지 않았을 것은 분명하다.-물론 중국에 거주하는 한국이나 '조선'의 거류민은 있겠지만.

조선족은 그렇게 모국을 떠나 이국에 정착을 했으나 마음속에는 늘 모국이 함께 했다. 그들은 민족의 언어로 대화하고 민족의 문화로 생각하며 민족의 음식을 먹고 지낸다. 길게는 5세대, 6세대까지

이어져 오는데도 대부분 선인들의 고향을 기억하며 자신의 본관도 알고 있다. 이러한 정신과 생활상은 한 세기 반에 가까운 긴 이주 역사에 면면히 이어져 온다. 분명 놀라운 힘이다. 모국의 민족 주류들과 '오랜 단절 후에 갑작스럽게' 만났음에도 불구하고 마치 늘 대면해 오던 사람들처럼 동질감을 느끼는 것도 바로 이 때문이다.

더욱이 한·중 수교 이후 한국에 자주 왕래하는 조선족이 많아졌는데, 이들에게 '한국'은 이젠 '가슴'으로만 느끼는 모국이 아니다. 한국은 삶의 터전이며 생활의 수단이 되는 '현실'이기도 하다. 이 때문에 한국에 대해 갖는 친밀감은 더할 수밖에 없다. 한국 친척과 계속 접촉하는 경우 그 친밀감은 더욱 강해진다.

(2) 이데올로기의 대립자

조선족의 선인들은 한반도 남부 출신보다는 한반도 북단, 즉 함경도와 평안도 출신들이 많다. 이러한 태생적 요인과 더불어 거주 국가인 중국이 '조선'과 이데올로기의 동반자로서 오랜 기간 최상의 우호 관계를 유지했기 때문에 그동안 조선족들은 한국보다 '조선'에 심정적으로 치우쳐 있었다. 비록 중국에 살고 있었지만 적어도 80년대 초까지는 정치 관점상으로나 경제 생활, 문화 생활, 교육에 있어서까지 북의 동포들과 거의 같았다고 해도 무방하다.(정판룡④, 20쪽)

반면 한국에 대한 인식은 '조선'이라는 모국과 대조적이었다. 정보가 차단된 상태에서 중국 언론이 한국의 어두운 면을 중점적으로 보도하고 이미지 조작을 해 온 바도 없지 않아 한국에 대한 부정적 이미지가 자연스레 형성되었다. 신문이나 방송에서 소개되는 '남조선'은 언제나 '인간 지옥'이었으며 그곳 사람들은 모두 깡패가 아니면 거지들이었다. 태극기가 한국의 국기라는 사실조차 몰랐을 뿐만 아니라 심지어는 한반도에 한국이라는 나라가 있는 것조차 몰랐던 사람도 있었다고 한다.(정판룡①, 289쪽)

특히 선과 악의 싸움으로 받아들인 한국 전쟁은 분단된 모국에 대해 '부정'의 '한국'과 '긍정'의 '조선'이라는 상반된 이미지를 강화시킨 기폭제가 되었다. 많은 조선족들이 항미원조抗美援助라는 형식으로 중국 인민군과 함께 한반도 전선에 참전해서 사망하거나 부상을 당했다. 참전하지 못한 사람들은 의연금을 모아 전선에 위문품을 보내거나 전선에서 돌아온 대표단들을 환영하는 활동을 했을 정도로(정판룡②, 80쪽) 친 조선적 성향을 강하게 보였다. 한국 전쟁과 그 뒤의 복구 시기에 이르기까지 중국 조선족과 '조선'은 한 참호 속에선 전우나 마찬가지였다.

즉 조선이라는 모국은 '사회주의 형제국'인 사상적 동반자로서→ '미 제국주의'에 대항하여 전쟁을 함께 치른 혈맹의 관계로 긍정적 이미지가 강화되었다.

반면에 또 다른 모국인 한국은 금단의 땅이었으며→ 사상적 대립자로서→'미 제국주의의 주구'로 '사회주의 형제인 모국'과 전쟁을 치른 나라라는 부정적 이미지가 강하게 형성되었다. 한국에 대한 '부정의 강화'는 서울 올림픽 직전 두 사회가 접촉하기 전까지 근 40

년간 지속되었다.

(3) 자부심을 가질 만한 모국

중국의 개혁 개방 정책 이전에는 한국과 중국 두 나라는 국제회의 나 운동 경기에서 만나더라도 눈짓조차 마주하려 하지 않았다. 그러 던 두 나라가 비로소 수교의 길을 틈으로써 한국인의 마음속에 중국 공산당으로만 존재하던 중국이 자리를 잡게 되었고 마찬가지로 중 국에서도 남조선이 아닌 한국이 존재하게 되었다.

반세기 가까이 모국의 존재를 잊어야 했던 조선족에게도 한국의 등장은 새로운 인식의 지평을 열어준 게 틀림없다. 갑자기 나타난 모국은 알고 보니 이미 올림픽까지 치른 나라였으며 발전의 정도도 상상을 뛰어 넘었더라는 게 수교 직후 한국을 첫 대면했던 사람들이 전해 주는 후일담이다.

초창기 어렵사리 친척 방문의 길을 연 조선족들 가운데는 얼마간 의 약재를 들고 가 큰돈을 번 사람이 있었는가 하면 친척으로부터 경제적 도움을 받은 이도 없지 않았다. 조선족은 동일 민족이라는 순수한 민족적 감정에서 출발하여 자체의 운명을 한국 사회와 연결 시켜 보게 되었으며 그동안 왜곡되고 사라졌던 고국에 대한 동경, 민족에 대한 애정을 되찾게 되었다. 그러면서 한국에 대한 관심도 늘어났고 한국이 성취한 여러 업적들에 대해 한국인 못지 않게 긍지 를 느끼게 된 것이다.(허명철④, 456~7쪽)

더욱이 중국 정부조차 한국을 배워 따라잡자는 분위기였기 때문에 조선족들이 한국을 모국으로 둔 사실에 대해 자부심을 가지고 한족에 대해서도 우월감을 느꼈다.

한·중 양국간에 경제 교류가 빈번해지면서 한국은 조선족 사회의 경제·문화 발전에 큰 영향을 미쳤다. 조선족에게 한국은 다른 민족보다 앞서 시장 경제를 체험하는 실습장과 같았다. 한국과의 교류를 통해 자본주의 경제를 학습하고 한국 기업을 통해 시장 경제 원리를 터득하였다. 그리하여 보다 빠른 속도로 경제적 성장을 이룩할 수 있었다. 그리고 한국과 접촉이 빈번해지고 서적 교류가 활발해지면서 민족 문화 영역이 확대되었다. 게다가 수많은 한국기업과 한국인들이 중국으로 진출하면서 민족어의 위상이 한결 높아졌다. 민족적 긍지를 보다 강하게 느끼게 되었다.

그리고 한국은 돈을 벌 수 있는 기회를 제공해 주는 나라로, 짧은 기간에 가난에서 벗어나게 해 주는 천국으로 인식되었다.(허명철④, 458쪽) 이에 따라 많은 조선족들이 모국으로 회귀하였다. 대표적인 회귀 방법은 취업과 혼인이다. 한국으로 시집간 조선족 여성은 한중 수교 초기인 1993년에 1,463명이었으며 95년까지 3년간 모두 1만여 명, 그리고 그 후에는 해마다 1만 명 정도이니 지금껏 10만 명에 가까운 것으로 추산된다.

뒤늦게 접촉한 한국이라는 모국을 대부분의 조선족들은 긍정적으로 받아들였지만, '조선'에 대해 가졌던 공고한 동질적 유대감 때문에 다소 혼란스러운 측면도 없지 않았다. 마치 첫사랑의 추억을 가슴 속에서 지울 때 느끼는 죄스러움과 같은 마음이다.

조선족들에게 '조선'이라는 모국은 어떤 존재였던가? 바로 그들의 고향이 있는 모국이다. 혈연적으로 조선족들의 대다수는 한반도 북쪽 지방에서 건너온 선인들의 후예들이어서 아직 그곳에는 친지들이 많다. 또한 과거 조선족 사회가 한창 어려웠을 때는 물질적·정신적 지원을 아끼지 않았던 모국이다. 중국에서 일었던 민족 정풍과 문화혁명 기간에는 당국의 박해를 피해 밀입국한 조선족에 대해서 기꺼이 정착을 지원해 주었다. 그리고 한국 전쟁에서는 혈맹으로 다져졌다. 그런 모국이 바로 '조선'이다.

이러한 감정은 조선족으로 하여금 자신의 역할에 대해서 진지하게 고민하도록 한다. 언제까지나 과거의 감정에 얽매일 것이 아니라 미래 속에서 조선족의 역할을 찾으려는 시도가 바로 그런 것이다. 두 개의 분단된 모국 사이에서 화해와 통일의 길을 터주는 것이 그들의 역할이라 여긴다면 모국 사람들 입장에서도 분명 반가운 일이 아닐 수 없다.

(4) 서운한 모국이다

한국은 조선족들이 자부심을 가져도 될 만한 모국이고 때로는 그들에게 경제적으로 도약할 기회를 제공하기도 하지만, 이 모국의 존재는 언제나 긍정적으로만 다가오지 않는다. 조선족들에게 한국은 야누스의 얼굴로 비추어진다. 그 야누스의 한쪽 얼굴은 지극히 실망스럽고 때로는 그 존재로 인하여 부담감마저 느낄 때가 있다.

그들은 모국 사람들로부터 같은 동포로 대접받고 싶어 하지만, 민족 주류들은 결코 그렇게 대해 주지 않는다. 돈을 벌기 위해 인간적 모멸감을 감수하면서 모국에서 허드렛일을 하는 조선족 동포들! 그들은 모국 사람들이 마치 하인 다루듯이 한다며 불만의 목소리를 높인다. 만약 중국이 미국이나 일본처럼 잘 사는 나라였더라면 모국 사람들이 자신들을 업신여기지 않을 것이라며 분통을 터뜨린다.

조선족 작가 김재국 씨가 『한국은 없다』라는 저서에서 인용하여 널리 회자되고 있는 부분을 보자.

> 그들의 그 슬픔과 서러움을 다 들여다보고 나면 중국 조선족 연수생들이 왜 귀국하면서 "만약 이제 전쟁이 다시 한번 난다면 난 총을 들고 선참으로 한국으로 와서 한국 놈을 쏴 죽이겠다."고 말하는지 이해될 것이다.(김재국, 6쪽)

비록 과격한 표현이지만 모국에서 얼마나 많은 설움을 당했으면 이런 말을 할까? 조선족들은 한국에 들어올 때는 같은 민족으로서 큰 기대를 품었으나 결국 돌아갈 때에는 모국의 민족 주류와 다르다고 느끼고 확실한 중국인이 되어서 간다는 것이다.

한국 정부가 2003년 9월 입법 예고한 재외동포법 시행령 개정안에 대해서도 조선족들은 자신들의 의견이 반영되지 않아 결과적으로 조선족의 존재를 무시한 악법이라고 주장하며 불만을 토로한다.

이런 부정적인 모습에서 한 발 더 나아가 자신들에게 피해를 끼치는 존재로 한국을 여기기도 한다. 연길 시내의 신화 서점에 진열된 한국 관련 서적들을 보라. 이들 대부분의 책들은 한국 생활을 체험한 조선족들이 저술한 것으로 '한국 깨기'와 '한국 부수기'가 주 내용을 이룬다.

(5) 이미지의 종합

조선족들이 한국에 대해 지닌 이미지는 몇 차례에 걸쳐 변화된 모습을 보여 왔다. 중화인민공화국의 건국 이후부터 80년대 초반까지는 한국에 대한 부정적인 이미지가 지배적이었으나 88년 서울올림픽 직전부터는 일단 긍정화 과정을 거치다가 그 이후 부정적 이미지가 재형성되었다.

다시 말해 한국과 정상적인 관계를 맺은 이후부터는 이점 못지 않게 피해도 적지 않다는 인식이다. 심지어 한국을 온갖 고초를 겪으며 건설한 민족 사회를 파괴하는 주범으로까지 간주한다. 모국과 이주 민족 사회의 관계가 시간이 흐를수록 상호 신뢰와 이해가 돈독해지는 대신 불신과 갈등의 골이 깊어진 양상이다.

조선족이 한국에 대해서 시차적으로 느낀 감정을 아래와 같이 정리할 수 있다.

최초 부정적 이미지→ 긍정적 이미지→ 최종 부정적 이미지

　첫 단계의 부정적 이미지는 무지와 조작을 통해서 이루어진 반면
에 최종 부정적 단계는 지식과 방문, 접촉을 통해 이루어졌다는 점
에서 차이가 난다. 환상 속의 모국을 현실로 받아들여 보니 그동안
오매불망 그리워하던 모국과는 다르다는 의미이다. 이런 이미지가
고착되면 한국과 조선족 사회는 긴장 관계에 놓일 수밖에 없다. 모
국과 이주 민족간에 나타날 수 있는 최악의 관계이다.

　조선족이 한국을 이처럼 부정적으로 인식하게 된 이유가 무엇일
까?

　첫째는 조선족에 대한 한국인의 거만함을 들 수 있다. 중국에 진
출한 한국인들 가운데는 조선족 앞에서 돈 자랑을 하며 졸부 행세를
하거나 조선족 문화와 삶의 방식을 존중하지 않는 이가 더러 있다.
더구나 조선족 여성을 현지처로 삼는 등 도덕적으로 불미스런 행위
를 저지르거나 사기 행각을 벌이기도 한다. 이런 모국 사람을 보는
시선이 호의적일 수 없으며 모국에 대한 이미지도 자연 흐려졌다.

　둘째, 한국에서의 불미스런 경험은 모국에 대한 부정적 이미지를
심화시켰다. 한국의 산업 현장에 종사하면서 열악한 노동 환경과 인
간적인 수모를 당한 이가 적지 않다. 어릴 때부터 사회주의 환경에
서 평등 관계가 몸에 배인 그들로서는 한국 직장의 상하 관계를 때
로 모욕으로 느낀다. 모국에서 따뜻한 동포의 정을 기대하였던 이들
이 오히려 불쾌한 경험을 함으로써 모국을 부정적으로 보게 되는 것
이다.

　더구나 중국과 마찬가지로 한국도 돈이 없는 사람은 살기 어렵다

는 것을 직접 목격했기 때문에 한국을 생각했던 만큼 살기 좋은 모
국으로 여기지 않는다.

셋째, 조선족 여성과 한국 남성 간의 빈번한 결혼은 전통적인 조
선족 공동체 사회의 기본 틀을 파괴시키고 있다. 조선족은 전통적으
로 한족을 비롯한 중국의 다른 민족과 혼인을 하지 않는 극히 보수
적이고 민족적인 성향을 보였다. 그런데 한국의 등장으로 혼인관에
중대한 문제가 야기된 것이다.

코리안 드림으로 시작된 조선족 사회의 한국 취업 붐이 여성들의
한국 시집가기 붐으로 이어지면서 지금껏 10만 명 가까이 한국인 남
성과 결혼한 것으로 추산된다. 이로 인하여 조선족 남성들이 동족과
정상적인 혼인을 하기가 힘들어져서 혼기를 놓쳤거나 다른 민족 여
성과 결혼하는 사례가 잦아졌다. 이러한 주범이 한국이라고 생각하
니 모국에 대해 악감정이 형성된 것이다.

이런 요인들이 갖는 공통적 성격은 모두 '직접적 접촉'이라는 점
이다. 무지와 조작으로 인한 감정은 개선이 어렵지 않으나 직접적
접촉을 통해 형성된 감정은 쉽게 변화시키기 어렵다. 그만큼 많은
시간이 소요된다. 그렇다고 조선족의 모국관을 시정하려는 노력을
포기해서는 더더욱 안 될 일이다.

지식인들이 앞장서 함께 문제를 진단하고 해결책을 모색하는 노
력을 기울여야 한다. 이 문제에 접근하는 자세로서 공통성을 강조하
는 것은 바람직하지 않다. 정치 경제 체제를 비롯한 서로 상이한 요
소를 일반 대중들이 올바로 이해하도록 돕는 연구 작업이 필요하다.

동일 민족이라 하더라도 서로가 다른 체제와 이념 속에서 생활해 왔기 때문에 가치관과 사유 방식이 다르고 인식의 기준에 차이가 있다는 점을 염두에 두고 상대방을 보아야 한다.

한편 앞서 언급한 4단계에서 다른 양상을 보이는 경우를 가정할수 있다. 제3단계에서의 긍정화가 보다 강화되는 경우이다. 그동안 접촉했던 한국, 한국인과의 개인적 경험이 긍정적일 때 한국에 대한 인식도 보다 긍정적으로 변한다. 다시 말해서 한국에 대해 좋은 경험을 가진 사람은 위에서 제시한 부정적인 4단계와는 다르게 나타날 것이다.

최초 부정적 이미지→ 긍정적 이미지→ 긍정적 이미지의 강화

이는 모국과 이주 민족간의 관계가 가장 이상적인 형태로 나타나는 경우이다. 모국은 이주 민족을 지원하고 이주 민족의 바람막이가되어 주며, 이주 민족은 모국에 대해 깊은 애정을 느끼고 모국의 문화를 깊이 사랑할 때 이런 관계가 형성된다.

2. 모국에 대한 조선족의 역할

앞서 조선족의 이주와 정착 과정에서 살펴본 바와 같이 조선족의 태동은 우리나라의 비극적 근대 역사를 배경으로 한다. 제 땅에서는 목숨조차 연명하기 힘들어 많은 이들이 중국으로 발길을 돌렸고, 이

이주자들과 후손들이 오늘날 중국 사회에서 조선족으로 존재하게 되었다. 나라가 잘 살고 주권을 상실하지 않았더라면 조선의 농민들과 독립 투사들이 중국으로 옮겨 갈 이유가 없었으며 오늘날 중국 조선족도 존재하지 않았을 것이다.

태생적으로 비극적 운명을 타고 난 조선족이지만, 결과적으로 그 존재 자체는 어느 해외 동포보다 우리 한민족 네트워크의 외연을 확대하는 자산이다. 한반도와 인접해 있으면서 21세기 신흥 강대국으로 떠오른 중국에 2백만 명이나 되는 민족성원이 살고 있다는 사실은 모국에 큰 힘이 되고도 남는다. 모국이 이주 민족인 조선족에게 느끼는 힘은 무엇인가? 그것은 조선족의 기대 역할에서 나온다. 조선족은 우리 민족이면서도 현실적으로 중국 인민의 신분을 지니고 있다. 그리고 두 나라 문화에 대한 이해도 높다. 따라서 흔히 사용하는 표현으로 '조국'인 중국과 '모국'인 한국 사이에서 상호 이해 폭을 넓히고 교류를 촉진시키는 중개자 역할에 적격이다.

다음은 모국인 남과 북을 다같이 드나들 수 있는 동족으로서의 역할이다. 조선족은 한반도의 주류 민족과 동일한 민족으로서 자연히 한반도의 동향에 관심을 가지며 한반도가 통일되기를 진심으로 바란다. 따라서 그들은 분단된 모국 사이에서 화해의 메신저가 될 수 있다.

이처럼 조선족은 중국과 관련된 틀과 분단된 모국이라는 두 가지 상황적 조건에서 의미 있는 역할이 가능하다. 이런 조선족의 기대 역할 구도를 정리하면 다음과 같다.

한국에 대한 조선족의 역할 구도

중국의 인민 ⟶ 대중 관계에서의 역할

우리 민족 ⟶ 통일 과정에서의 역할

모국 한국에 대한 조선족의 역할을 단순화해 보았지만, 실제 그 역할을 수행하는 데는 여러 가지 변수의 제약을 받는다. 기대 역할 자체가 상당히 정치성을 띠고 있고 조선족 자체가 정치적인 파워를 가진 실체가 아니기 때문에 스스로가 독립 변수가 되지 못한다. 먼저 대중국 관계에 있어서 조선족의 역할을 보자. 그것은 두 나라의 정치적 상황에 따라 얼마든지 확대되거나 축소된다. 통일 과정에서 수행하는 역할도 남북 관계의 진전 여부에 따라 크게 좌우된다. 조선족에 대한 중국 정부의 태도, 신임도와도 무관하지가 않다.

이러한 전제를 가정하고 앞에서 제시한 구도에 따라 조선족의 역할을 살펴보자.

(1) 통일 과정에서의 역할

조선족이 한반도의 통일 과정에 참여하고 일정 역할을 하는 데는 외부의 제약이 많다. 가장 큰 제약은 남북 관계이다. 남과 북의 긴장 국면이 지속될 경우 직접적인 대화 통로가 막혀 조선족의 역할이 커질 수 있으나 긴장 완화 상태에서는 그 반대일 수 있다.

그들이 소속한 중국 정부가 한반도 통일에 대해 어떤 입장을 취하느냐 하는 점도 중요하다. 주지하다시피 조선족은 우리와 같은 민족이기는 하지만 동시에 중국의 인민이다. 중국의 인민이라는 차원에서 본다면 중국 정부의 대한반도 정책이 조선족이 한반도 사무에 개입할 수 있는 전제 조건이다.(김강일②, 419쪽)

만약 중국 정부가 한반도 통일을 부정적으로 보거나 반통일적 정책을 취할 때 한반도 통일에 개입하는 조선족의 역할은 축소되기 마련이다. 본국 정부와 충돌을 일으키면서 그 역할을 할 사람이 과연 얼마나 되겠으며, 그런 상황에서 조선족이 유용한 역할을 할 수 있을지도 의문이다. 그 반대의 경우에는 조선족이 한반도 통일에 적극적으로 참여하고 실제로 적절한 기여를 할 것으로 본다.

중국은 한반도 분단으로 인하여 얻을 수 있는 실익이 미국이나 일본에 비해 적다고 보는 견해가 있다. 그 근거는 이렇다. 한반도의 분단 때문에 중국 자신이 미국이나 일본의 견제를 받고 있으며 유사시 한반도에서 군사적 충돌이 발생할 경우 그 불똥이 자기 나라로 튈 가능성이 있을 뿐 아니라 야심적으로 여기는 동북아 경제 발전 전략도 차질을 빚고 있다는 것이다.

그런데 만약 한반도가 통일이 되면 동북아 지역의 긴장 완화를 촉진하여 적대적인 반 중국 세력의 결집을 막고, 동북 지방의 경제를 활성화 시킬 수 있기 때문에 중국 정부는 한반도 통일을 굳이 반대하지 않을 것이라는 주장이다. 이 견해에 전적으로 동의하지는 않지만 다행히 중국 정부가 이러한 한반도 정책을 취한다면 조선족이 한반도 통일에 적극 관여하는 좋은 배경이 될 수 있다.

조선족이 한반도 통일 과정에 참여하는 문제는 중국 정부의 정책에 종속되지만, 한편으로는 조선족 사회가 자각하든 그렇지 않든 간에 통일 과정에 개입하게 된다. 같은 민족이라는 혈연적인 당위성 때문이다. 한 핏줄을 타고 난 조선족이 결코 분열된 한반도의 현 상태를 그저 바라볼 수만은 없고 하루 빨리 우리 민족의 숙원인 통일을 이룩하여 세계에서 강대한 민족으로 부상할 것임을 진심으로 바라는 것은 당연하다.(김강일②, 430쪽)

모국인 한반도가 통일이 되어 세계 강대국이 되기를 바라는 것은 우리 조선족들로서는 지극히 당연하다. 조선족이라면 백이면 백 모두 그렇게 여길 것이다. 그것은 한 핏줄을 가진 민족으로서 인지상정이다. 모국이 그렇게 되어야 우리 조선족도 중국 땅에서 어깨에 힘을 주고 살 수 있다.

한 조선족 지식인의 말처럼 순수한 민족애 차원에서 모국 통일을 바라지 않는 조선족은 없다. 이 때문에 조선족은 한반도 통일 과정에 발을 담그게 된다. 더구나 거주 공간이 한반도와 인접한 지정학적 요인으로 인해 어느 해외 이주 민족보다 한반도 통일에 필연적으로 관심을 돌린다.

또한 조선족 사회의 발전을 위하고 민족 문화를 지속시키는 데 반드시 필요하다는 인식 때문에 통일을 위한 노력을 강화한다. 현재 조선족 사회에서 나타나는 위기의 상당 부분, 특히 가장 중대한 동화 문제 등은 한반도의 분단과 밀접한 관련이 있다. 만약 한반도가 분단 상황을 극복하여 강력한 경제력을 갖춘 통일 국가로 대두되었다고 가정해 보자. 한족에게 동화되는 문제는 별로 심각하지 않을 수 있다. 거주 지역과 인접한 곳에 든든한 모국이 있는데도 민족 정체성을 소홀히 할 사람은 상식적으로 보아서도 많지 않을 것이다. 발전된 모국을 왕래하며 모국 문화를 수용하려는 사람이 많으리라 본다.

그리고 자치주에 대한 한국 투자가 활발해져서 지역 경제가 보다 활성화될 것이다. 이런 현실적 측면에서도 조선족은 한반도 통일에 높은 관심을 보이고 적절한 역할을 모색한다. 이처럼 조선족 사회는 혈연적 연관성과 현실적 필요성 때문에 모국인 한반도 통일에 관심이 높다.

모국 통일을 위한 조선족의 노력은 실제 곳곳에서 나타난다. 중국의 개혁 개방 이전까지는 '조선'에 일방적으로 기울여져 있었다. 정치적으로 북쪽에 편향되었고 남쪽을 자본주의 국가라며 적으로 보고 증오하였다.

그러나 개혁 개방과 한·중 수교가 이루어진 이후에는 남과 북을 객관적으로 인식하기 시작했다. 어느 한쪽에 완전히 기울지 않고 등거리 입장을 취한다. 남북 쌍방이 대립 국면을 타파하고 평화적 통일의 길을 걸을 것을 기대하며 화해와 교류의 중개자 역할을 한다. 이는 중국 인민의 신분으로 한반도의 남과 북을 드나들 수 있는 특수한 여건이 갖추어져 있기 때문에 가능하다.

현재 북한 주민들이 외부 정보를 받아들이는 통로는 극히 제한적인데 그들이 소유하는 외부 정보의 대부분은 조선족 사회를 통해 이루어진다.(김강일②, 443쪽) 조선족은 친인척 방문 등과 같은 북한과의 접촉을 통해 중국 개혁 개방의 성과를 전하고 시장 경제 의식을 전파하였다. 중국보다 월등히 앞선 한국의 경제력을 알려주는 통로 역할을 하기도 한다.

한국에 대해서도 북한에 관한 유용한 정보를 제공하고 남한 주민들에게 북에 대한 이해를 깊게 하도록 도와 준다. 상대방에 대한 올바른 정보가 통일의 전제 조건이라면 조선족은 이미 통일을 위한 역할을 훌륭하게 수행하고 있다.

더욱이 자본주의와 사회주의 체제의 정치·경제·문화에 대한 이해도가 높기 때문에 통일 과정에 효과적인 역할이 가능하다. 이미 오랫동안 사회주의를 직접 경험하였으므로 북한의 사회·경제 체제에 익숙하여 북한과의 교류에서 높은 적응력을 갖는다.

개혁 개방 이후에는 시장 경제 체제하에서 생활하고 있고 한국의 자본주의를 직접 체험한 이도 많아 한국 체제에 대해서도 낯설지 않다. 이런 장점으로 인하여 조선족은 남북간의 경제 교류를 촉진하는 교량 역할을 할 수 있는 것이다.(박승헌, 369쪽)

이와 더불어 조선족은 남과 북에 대해 문화 해석자 역할을 할 수 있다. 남북한은 반세기 이상 단절된 상태이다. 상호간에는 자연히 문화적 이해가 낮다. 이로 인해 별 문제가 아닌 것에도 오해를 하고 긴장 국면을 초래하기도 한다. 이러한 문제점을 해소하고 빠른 시일

내에 문화적 융합을 이루려면 중국 조선족의 역할이 효과적으로 작용해야 한다.(김강일②, 437쪽) 남북한의 현 상태에 비추어 보면 조선족 사회는 통일 과정에서 귀중한 매개 역할을 할 전략적 자원이다.

조선족이 자치를 하는 연변은 남북의 화해 지대이자 통일 분위기를 조성하는 기지이다. 연변 지역 인사들이 개최하는 학술 모임이나 행사에는 남북 관련 인사들이 참석하여 토론과 화합의 장이 된다. 이는 민족 화해와 상호 신뢰를 촉진하는 데 지대한 역할을 한다.

그렇다면 한반도의 통일이 조선족 사회에 미치는 실익은 무엇일까? 정신적인 측면과 경제적인 측면에서 생각해 볼 수 있다.

한반도가 정치적으로 통일을 이루고 국력이 신장되면 조선족의 민족적 긍지가 높아지고 민족적 자부심과 응집력이 제고될 것이다. 조선족 문화의 존속과 발전에도 긍정적인 영향을 끼칠 것이다.

특히 조선족 사회가 직면한 동화의 위기를 극복하는 데 더없이 좋은 약이 된다. 조선족의 문화 뿌리는 한반도이기 때문에 그에 대한 보존과 발전도 한반도의 상황과 직접적인 관련이 있다.(김강일②, 431쪽) 따라서 통일된 한반도가 막강한 경제력을 바탕으로 세계적으로 영향력을 끼치거나 건전한 문화를 지닐 경우 조선족이 한족에게 동화되는 일은 없다. 오히려 그들의 문화를 한반도 지향적으로 만들 것이다.

또한 중국 조선족 사회의 반봉폐 상태를 끝낼 수 있으므로 빠르게 발전할 전망이다.(김강일③, 9쪽) 연변 지역은 급속히 발전하고 있는 중국에서 가장 소외된 지역의 하나이며 두만강 하류 지역 개발이라는 거창한 프로젝트도 벽에 부딪치고 있다.

이런 상황에서 한반도의 통일은 새로운 돌파구가 된다. 한반도 남단에서 중국 내륙까지 육로가 개통되면 조선족 사회는 한·중 교류에 있어서 가장 중요한 집단으로 부각될 것이다. 그로 인한 경제적 혜택도 가장 많이 받는다. 즉 한반도의 통일은 중국 조선족 사회로 하여금 동북아 지역에서 새로운 경제 중심지로 부상할 가능성을 안겨 준다.

(2) 대중국 관계에서의 역할

조선족은 그동안 한·중 두 나라 사이에서 중요한 교량 역할을 해 왔다. 초창기 중국에 진출한 한국 기업들은 같은 민족으로서 언어가 통하고 믿음이 가는 조선족으로부터 직·간접적인 도움을 적지 않게 받았다. 이들의 협조가 있었기에 한국 기업들이 중국에 비교적 쉽게 안착할 수 있었다. 특히 중소기업들은 중국에 대한 지식과 정보의 부족, 언어상의 문제 때문에 조선족에게 의존하는 게 보편적이었다. 중국 진출에 성공한 대부분의 기업들은 조선족 동포를 통역이나 중간 관리자로 고용하거나 생산직 근로자로 고용해 활용하고 있다.(박승헌, 367~368쪽) 중국에 조선족의 존재가 없었다면 수많은 중소기업들이 중국에 진출할 엄두를 내지 못했을 것이다.

지금껏 조선족은 자신의 나라와 자신의 민족 사이에서 말이 통하지 않을 경우에는 통역자가 되기도 하고, 인적 파이프 라인이 없어

우왕좌왕하면 파이프 라인을 만들어 주기도 했으며, 문화적 차이로 오해가 발생하면 오해를 풀어 주는 일까지 하면서 중개자 역할을 훌륭하게 수행하였다.

권병현 전 주중 한국 대사의 증언을 들어보자.

국교가 열리면서 8년간 한·중 관계, 특히 경제 관계가 비약적으로 발전했습니다. 이는 2백만 조선족 동포가 거기 있었다는 것이 가장 큰 요인이었다고 봅니다. 그분들이·말이 안 통할 때 말을 통하게 했고, 인맥이 없을 때 인맥을 놓으며 중국과의 기술 교류, 무역, 투자에 커다란 기여를 했습니다.(황유복, 148쪽)

한·중 두 나라는 오랜 단절에도 불구하고 짧은 수교 기간에 세계적으로 유래를 찾아보기 힘들 정도로 성숙한 관계로 발전하였다. 중국은 한국 기업의 제1투자국이 되었고, 상호 2, 3위의 교역 상대국이 되었다. 이는 모름지기 조선족이 있었기에 가능했다. 조선족이 한·중 두 나라 사이에서 중요한 역할을 했다는 사실을 아무도 부인하지 못한다. 스스로도 이 역할을 자랑스럽게 여긴다.

조선족은 한·중 두 나라가 우호적 관계로 발전하는 데 일등공신이었다. 우리 조선족이 없었다면 지금까지 두 나라는 그저 그런 관계에 지나지 않았을 것이다. 우리가 두 나라 관계를 증진시키는 중개자 역할을 하면서 스스로 두 나라 모두에 꼭 필요한 존재라는 것을 인식하게 되었다. 그런 자부심만으로도 충분히 보상받은 셈이다.

중국과의 수교 역사가 한국보다 훨씬 긴 일본이 대 중국 무역이나 문화적 측면에서 한국보다 유대가 돈독하지 못한 것은 일제 침략에 대한 중국인의 반감이 작용한 탓이 크다. 그 못지 않게 일본에게는 한국의 조선족에 해당하는 이주 민족이 없다는 점을 빼놓을 수 없다. 한반도는 중국 대륙에서 혈연 관계에 있는 조선족 사회를 매개로 일본을 비롯한 제3국보다 높은 경쟁력을 확보할 수 있었다.

한국과 중국 두 나라가 갈수록 교류를 확대·강화하자 조선족의 존재는 더욱 중요해지고 있다. 최근 중국 경제가 지속적으로 성장하여 강대국으로 부상함으로써 중국 시장과 자원에 대한 한국의 의존도가 높아지고, 한국의 기술과 경험에 대한 중국의 기대도 점점 커지고 있는 실정이다. 두 나라 사이에서 매개 역할을 하는 조선족은 한국은 물론이고 중국에 있어서도 전략적으로 중요한 의미를 지닌다. 한국이 조선족 사회의 지위와 작용을 인식하고 활용한다면 중국과의 거래에서 그 어느 민족보다도 더욱 유리한 위치를 확보할 수 있을 것이며 따라서 얻을 수 있는 이익도 더욱 클 것이다.(김강일③, 40쪽)

3. 모국 한국의 역할

오랜 이주 역사에도 불구하고 민족 공동체 사회를 꾸려서 민족 정체성을 유지하며 생활하는 조선족은 특별한 관심을 끌고도 남는다. 같은 민족을 어느 지역에 산다고 해서 크게 관심을 기울이고 어느 지역에 산다고 방치하는 등의 행위는 바람직하지 않다. 하지만 조선족은 비운의 역사가 빚어낸 산물이고 지금까지도 민족 공동체 사회를 유지하고 있어 이들에 대해 애정을 갖는 것은 당연한 일인지도 모른다.

이와 더불어 조선족에게 관심을 가져야 하는 또 다른 이유는 일종의 채무 의식 때문이다. 비록 국제적 냉전 상황이란 타의성에 의한 것이지만, 우리는 한동안 조선족에 대해 어떠한 지원도 하지 못했고, 그들을 포용하지도 못했다. 그 자리에는 또 다른 모국인 '조선'이 대신했다고 하더라도 어떻든 한국은 조선족에 대해서 모국으로서 할 바를 전혀 못한 게 사실이다.

한국은 우리 조선족들에게 무엇을 해 주었는가? 돈을 벌게 해주었다고? 물론 맞는 말이다. 그러나 그것은 한국의 필요성이 더 크기 때문이 아닌가? 그리고 우리는 한국에서 인간 이하의 취급을 받으며, 중국 거지라는 비아냥거림을 들어가며 일하고 있다. 우리에게 동포로서 해 준 게 과연 무엇이 있는지 생각해 보기 바란다. 그래도 조선은 우리가 어려웠을 때 많이 도와 주고 중국에서 정치 공세를 피해 도주한 조선족에 대해서는 정착할 수 있도록 해 주었다.

연길시에 사는 한 50대 공직자는 한국인을 만날 때마다 이런 말을 주저하지 않고 한다. 백번 옳은 말이다. 모국은 이주 민족에 대해 든든한 버팀목과 같은 존재여야 한다. 비바람이 세차게 부는 거주 국가에서도 흔들리지 않고 생활하기 위해서는 모국의 지속적인 관심과 실질적인 지원이 필요하다. 그런데 한국은 조선족에 대해 모국으로서의 역할을 제대로 하지 못했다.

이제는 양측의 관계가 정상화된 지도 제법 시간이 흘렀다. 더욱이 그 기간과 비례하여 불행히도 갈등과 불신의 골이 깊어지고 있는 마당에 한국은 그동안 수행하지 못한 모국의 역할을 어떻게 해야 할지 진지하게 고민하여야 한다. 조선족에 대한 정책은 환경이나 실상이 타 지역 거주 민족과 다르기 때문에 차별화된 정책이 필요하다.

조선족 사회는 현재 대전환기에 처해 있다. 지금까지 경험하지 못한 갖가지 부정적 현상과 위기 의식을 갖기에 충분한 징후들이 도처에서 나타나고 있다. 얼마 전까지만 해도 논의의 대상조차 되지 않을 정도로 경미했던 동화 문제도 발등에 떨어진 불이 되었다. 동화에 대한 유혹이 많아졌고, 동화의 조건도 갖추어졌기 때문이다. 한때 중국 대륙을 지배했던 청나라, 그 나라의 주인이었던 만주족을 보라. 지금은 거의 한족에 동화되어 겨우 명맥만 이어가고 있지 않

은가? 조선족이라고 해서 그들 만주족의 운명처럼 되지 말라는 법
이 없다. 모국의 역할은 일차적으로 민족을 지켜내는 일이다. 민족
의 존재가 사라진다면 그때 가서 민족 정체성이니 민족 문화니 하는
문제를 왈가왈부할 필요조차 없어진다. 모국은 존재의 위기에 처해
있는 조선족이 한민족의 일원으로 계속 남아 민족 문화를 꽃 피울
수 있도록 문화적으로나 경제적으로나 아낌없는 지원을 해야 한다.

(1) 문화적 지원 문제

자라나는 우리 애들을 보고 조선족으로서의 민족성이 없어지고
한족 비슷하게 되어 간다고 걱정하는 사람들이 많다. 그렇게 말하
는 것도 어떤 점에서는 사실이지만, 다른 한편으로는 잘못된 생각
일 수도 있다. 우리 집만 하더라도 나보다도 오히려 대학생인 내
딸이 더 민족적이다. 왜냐하면 나와 같은 세대는 문화대혁명과 같
은 정치적 운동이 한창 벌어지던 때에 성장하면서 대한족주의大漢
族主義의 영향 아래에서 교육을 받아 왔다. 자연히 강한 민족성을
지니지 못할 뿐더러 민족성을 드러내는 행위 자체에 두려움을 느
끼기도 한다. 반면에 우리 애들은 올림픽이나 월드컵을 치른 한국
의 위상을 일찍부터 들었고 일상생활에서 한국 방송을 보면서 자
란 까닭에 친 한국 성향이 강하다. 이런 환경에서 성장한 우리 자
녀들은 조선족이라는 점을 우리 세대보다 더 자랑스럽게 여긴다.

한 조선족 지식인은 여느 사람과는 다른 색다른 시각에서 이런 얘기를 들려 주었다. 그것은 개인적인 경험에 불과할 수도 있다. 그렇게 느끼지 않는 사람이 더 많을지도 모른다. 그러나 이 이야기를 되새겨 보면 한국이 조선족 사회에 대해 어떻게 하는 것이 바람직한지 그 방도를 제시해 주는 것 같다.

오랜 세월 동안 모국과 격리된 이주 민족이 모국과 동일한 문화를 향유하는 것은 불가능에 가깝다. 주류 민족의 문화에 포위되면서 시간이 흐를수록 모국 문화와 거리가 생기든지 민족 문화를 상실하는 것이 일반적인 현상이다. 해외 이주 한민족을 보면 미국의. 한인 2세 이후 문화는 후자의 경우이고 중국의 조선족 문화는 전자에 해당된다. 비교의 장점을 살리기 위해 조선족 문화를 미국의 한인 사회-코리아타운-문화와 비교해 보자. 조선족 문화의 특징이 보다 선명하게 드러날 것이다.

미국 한인 사회 문화는 1세대의 한국 모방 문화와 2세대 이후의 아메리칸 문화로 대별된다. 미국 문화와 언어에 적응하지 못한 1세대들은 이주 이전에 누리던 서울 문화를 미국에 그대로 옮겨 놓고 과거를 답습한다. 반면에 후손들은 아메리칸 문화의 직접적인 영향권에 스며들어 더 이상 부모 세대의 서울 문화를 함께 하지 않는다. 미국 한인들에게는 제각각의 문화가 있을 뿐이지 1세대와 그 후손들을 망라한 공유된 '미국 한인 문화'가 없다. 다시 말해서 1세대부터 내재적으로 형성되어 전 세대, 전 구성원을 아우르는 문화가 미국 한인 사회에는 없다는 말이다.

미국 내 유색 인종 집단 가운데 한인들, 일명 코메리칸은 다른 어느 민족 집단보다도 와스프(WASP; 백색 영국계 개신교도) 문화에 고도로 동화되어 있다는 연구가 있다. 대부분의 코메리칸들은 기독교인이 되고 이름도 미국식으로 개명하는 한편 민족 전통 문화를 스스로 부정하며 와스프들과의 사교 접촉을 빈번히 한다.(황유복, 124쪽)

중국의 조선족 사회는 어떤가? 결론부터 말하자면 그들의 문화는 코메리칸 문화와는 성격이 다르다. 조선족 사회는 이주 한 세기 반에 가까운 세월을 거치면서도 세대간에 단절된 것이 아니라 전 세대를 포용하는 나름대로 고유 문화를 가지고 있다. 그 문화는 중국이라는 거주 국가의 환경과 긴 이주 기간으로 말미암아 모국인 한국 문화나 '조선' 문화와 다른 성격을 보인다. 모국 문화와는 다른 중국 조선족의 문화이다. 새롭게 태동한 문화가 아니라 전통 문화에 바탕을 둔 문화이기 때문에 얼핏 보면 한반도의 민족 주류 문화와 같은 것처럼 보이기도 한다.

다행히 지금까지는 모국 문화와 동질성을 적지 않게 유지하고 있다. 예를 들어 보자. 조선족 자치주에서는 택시 안이나 가게를 막론하고 한국의 대중 가요가 흘러 나온다. 모국 사람들과 마찬가지로 한국 대중 가요에 정서적으로 공감하고 있기 때문에 그런 것이다. 이런 문화를 조선족 전 세대가 공유한다.

그러나 조선족 문화가 언제까지나 모국 문화와 동질성을 유지하리라고 기대해서는 안 된다. 두 문화간의 거리감을 조성하는 이질적 요인들이 갈수록 확대 재생산된다면 동질성은 결국 소멸될 것이다.

실제로 그런 현상의 조짐이 나타나고 있다. 결국 미래 어느 시점에 가서는 대중 가요에서 느끼는 정서적 공감대마저 사라질지 모른다. 이같은 극단적인 상황이 초래될 때에도 과연 조선족은 한국인과 같은 민족이라는 이유 때문에 민족적 유대감을 느끼고 문화적 충돌을 겪을 위험이 없다고 할 수 있겠는가? 이주 민족 입장에서는 서운한 일이지만 민족 주류가 호응하지 못하는 문화, 같은 민족 입장에서 생경하게 느껴지는 문화를 과연 민족 문화라고 할 수 있을까?

그 문화를 향유하는 특정 구성원들에게는 나름대로 의미가 있을지 모르지만 민족 전체의 관점에서 볼 때에는 의미를 부여하기 어렵다. 모국의 민족주류를 포함하여 전 민족이 공감하는 이주 민족의 문화야말로 민족적 가치를 지닌 민족 문화라고 일컬을 수 있으며 모국과의 연계의 끈이 된다. 이주 민족의 문화라는 것은 모국과의 관계에서 의미를 찾을 수 있다.

모국인 한국인들과 이주 민족인 조선족 간에 현재까지는 대화가 불가능하지 않다. 의사 소통에 장애는 발생하나 불통되는 최악의 경우는 아직 오지 않았다는 뜻이다. 이 경우도 앞으로 상황을 장담하기 어렵다. 과학 문명의 발달과 새로운 사회 현상은 끊임없이 신생 단어를 만든다. 그때 조선족이 자체적으로 단어를 만들거나 한어에서 많은 부분을 채용할 경우 언어의 이질화 속도는 상당히 빨라진다. 한국인이 조선족 말을 이해하지 못하거나 조선족이 한국 말을 알아듣지 못하는 사태가 발생하게 된다. 한국 방송을 보더라도 화면으로만 이해할 상황이라면 과연 그 때에도 조선족과 한국은 같은 언어를 사용하는 동일 민족이라고 자신 있게 말할 수 있을까?

서로가 이해하지 못할 정도의 이질화는 '같다'는 표현보다는 '다르다'는 표현이 합당하다. 그런 문화와 언어를 가지고 있다면 마땅히 동일 민족인데도 불구하고 불행히도 다른 문화, 다른 언어를 갖고 있다는 표현이 맞는 것이지, 억지로 민족 동질성을 운운하기에는 계면쩍은 일이다.

그렇다면 조선족 문화가 모국 문화의 구심력으로부터 이탈하는 현상을 방지하고 동질성을 최대한 유지하도록 하려면 무엇을 어떻게 해야 할 것인가? 모국인 한국의 역할을 찾아보자.

첫째는 언어 교육을 지원하는 일이다. 조선족 말을 단순히 한반도의 한 지방 사투리로 여기기에는 현 상황이 복잡하고 문제도 심각하다. 어법이나 회화를 막론하고 이질화의 정도가 심각한 수준에 이르렀다.

이를 개선하기 위해서는 우선적으로 아나운서를 비롯한 민족 방송 관계자에 대해 언어 연수를 고려해야 한다. 방송은 대중의 언어를 선도하는 역할을 하기 때문에 아나운서가 표준 한국어를 구사하면 언어의 이질화를 상당 부분 방지할 것이다. 언어 연수를 민족 학교 교사 등으로 점차 확대시켜 나간다면 한국인과 조선족 간의 언어적 동질성이 보다 강화되리라 본다. 또한 말하기 측면뿐 아니라 쓰기 측면에도 관심을 기울여야 한다. 이를 위해 조선족 신문사나 문예 잡지사 종사자들에게로 연수 문호를 넓혀야 할 것이다.

이러한 방안은 한국 측의 일방적인 희망에 의해 결정될 성질이 아니다. 무엇보다 모국의 언어와 이질감이 커서 불편하다거나 문제가 된다는 조선족 사회 내부의 문제 인식이 선행되어야 한다. 그런 공감대가 형성된 연후에야 한국의 지원이 가능하다.

나아가 민족 언어를 상실한 조선족 후대에 대한 대책도 조선족 사회와 더불어 진지하게 고민해야 한다. 지금까지는 조선족들이 자치주나 자치향 같은 민족 집단 거주 지역을 형성하여 생활해 왔기 때문에 공식적이고 체계적인 민족 교육을 통해 높은 수준에서 모국어를 유지할 수 있었다.

그러나 근래 들어 도시로 이주한 조선족이 늘어나면서 그들 2세들의 민족 교육에 문제가 생겼다. 이들은 한족 학교에 다니고 한족들과 주로 생활하다보니 민족어를 상실하는 경우가 많다. 이러한 2세들의 민족 교육을 위해 1989년 민간 차원에서 북경 한국어 학교가 설립되었고 그 후에 10개 지역에 분교가 만들어졌다. 조선족이 새롭게 진출하는 도시 지역마다 이런 유형의 학교를 설립해서 2세 청소년들에게 모국어를 익히는 기회를 제공하는 것이 필요하다. 북경 한국어 학교에는 여러 지역에서 분교를 설립해 줄 것을 요청하고 있다고 한다. 그런데 재정적인 문제로 인하여 학교를 추가로 설립하거나 운영하지 못하고 있다. 이런 문제를 민간이 전면에 나서 해결하되 한국 정부 차원에서도 관심을 기울여야 할 것이다.

언어는 의사 소통의 기본 도구이자 상호 우호적 관계를 유지하는 주요 수단이다. 의사 소통이 아예 이루어지지 않거나 동질성을 상실한 사람들간에는 친밀감이 약해진다. 한국인과 조선족이 강한 언어적 일체성을 토대로 같은 민족으로 계속 남도록 한국 정부의 지원이 요구된다.

둘째는 문화 교류를 확대하는 일이다. 상호 교류는 상대방의 모르는 부분을 알게 해 오해를 씻는 작용을 한다. 한국인과 조선족은 그동안 서로를 몰라 여러 오해를 낳았다. 사사로운 일에도 서로 불신하고 갈등을 빚었다. 한국과 조선족 사회가 문화 교류를 활발히 하면 민족 동질성을 회복시켜 두 문화 수용자간에 발생할 수 있는 오류를 방지할 것이다.

한편 문화 교류는 일방적이어서는 안 되며 쌍방 작용을 통해 이루어져야 한다. 일방적인 유입은 문화적 종속을 초래하고 그것은 또 다른 면에서 상대에 대한 증오감을 잉태한다. 지금까지는 모국이라는 명목하에 한국 문화가 조선족 사회에 일방 통행으로 흘러 들어간 양상이었다. 특히 천민 자본주의적 저질 문화-예를 들면 술집이나 노래 주점 등 유흥업소가 범람하는 현상-가 조선족 사회에 스며들어 여간 걱정스럽지 않다.

조선족 작가인 류연산 씨는 필자에게 의미 있는 말을 전해 주었다. 그에 따르면 일본의 경우는 중국에 첫 선발대로 진출한 문화 상품이 노벨상 수상 작가의 작품이나 품격 높은 저서 등 고급 문화인데 반해 한국의 경우는 싸구려 저질 문화, 춤추고 노래하는 가수나 배우여서 아주 대조적이라는 것이다.-물론 가수나 배우의 문화적 행위를 비하한 의미가 아니라 한·일 양국을 비교해서 예를 든 것이라 여긴다.

모국의 저질 문화가 조선족 사회에 유입되어 강한 기상을 해치거
나 모국 이미지를 흐리게 하지 않을까 우려된다. 더구나 문화 수용
에 예민한 청소년들이 아무런 비판 없이 한국의 저질 문화를 접촉할
때의 부작용은 무시하기 어렵다.

또한 조선족 자치주인 연변이라고 하면 어딘가 촌스럽고 세련되
지 못한 것으로 여기는 한국인의 사고도 문제이다. 조선족 작가 김
재국 씨는 그의 저서 『한국은 없다』에서 한국에서 유학하던 중 겪은
슬픈 일화를 소개하고 있다.

> 하루는 텔레비전 코미디 프로그램에서 화장을 짙게 하여 촌스
> 럽게 보이는 여인을 "연변 가무단의 여배우 같다."고 해서 폭소를
> 자아냈다. 그러나 그 순간 TV를 보던 조선족 동포들은 속으로 울
> 분을 삼켰다고 한다.(김재국, 2쪽)

모든 소재를 희화화하는 한국 코미디의 성격을 이해하지 못해 생
긴 오해일 수도 있지만, 조선족 입장에서 보면 그동안 모국이 방치
하더니 이제는 그들 삶의 방식마저 깔보느냐는 감정을 가질 만하다.
이런 문제는 한국과 조선족 사회의 문화 교류가 상호 작용을 통해
이루어지지 않아 한국인들이 조선족과 조선족 사회를 올바르게 이
해하지 못해서 발생한다. 반세기 이상의 단절은 한국 사회와 조선족
문화를 이질화시켜 놓았다. 우리가 인정하고 싶지 않더라도 두 문화
는 사실상 별개의 문화 체계일 수도 있다는 것을 알아야 한다. 상호

충돌 요인을 피하려면 부인할 수 없는 현실을 받아들여야 한다.

셋째는 한국 위성 방송을 합법적으로 시청할 수 있도록 중국 정부와의 협상이 필요하다. 이는 문화적 교류의 방편으로 이해할 수도 있겠지만 고도의 정치성이 요구되는 문제이다.

오늘날 방송의 위력은 새삼 강조할 필요가 없다. 대중의 힘을 결집하기도 하고 특정 분야에 관심을 집중시키기도 한다. 특히 미래의 주역 청소년 시기에는 방송에 민감하게 반응한다. 따라서 동북3성이나 적어도 연변 조선족 자치주에서라도 조선족 가정에 한해 한국 위성 방송을 시청할 수 있도록 허용하면 모국과의 동질성을 유지하는 데 더없이 좋을 것이다. 물론 현재에도 연변의 중류층 이상 조선족 가정에서는 불법적으로 위성 안테나를 설치해 한국 방송을 즐기고 있으나 당국의 단속 때문에 안심하지 못하는 상황이다.

중국 입장에서는 한국 측의 이런 요청을 순순히 들어줄 리가 없다. 한국의 저질 자본주의 문화 유입을 경계해야 하고 중국 조선족이 한국에 경도되는 문제에도 신경을 써야 하기 때문이다. 그렇기 때문에 중국 당국과의 정치적 협상이 필요하다는 것이다. 장기간에 걸친 지구전을 펴서라도 그렇게 해야 한다. 정치적 협상은 남자를 여자로, 여자를 남자로 바꾸는 문제를 제외하고는 모든 것을 가능하게 한다는 말이 있다. 우리가 줄 수 있는 최대한의 것을 주더라도 이 문제를 관철한다면 중국 조선족 사회의 이질화는 한 시름 놓아도 괜찮을 것이다.

특히 방송은 미래 세대의 주역인 청소년들에게 미치는 영향이 크

므로 위성 방송을 시청하며 자라나는 청소년들의 탈민족화 현상을
방지할 수 있으리라 본다.

(2) 경제적 지원 문제

조선족은 고난으로 가득했던 긴 이주 역사에도 불구하고 다행히
민족 정체성을 유지하고 있다. 그 때문에 민족 주류와 정신적 공감
대가 이루어진다. 그러나 이미 지적한 대로 앞으로의 사정은 사뭇
달라질 전망이다. 민족 정체성을 유지하기가 갈수록 어려워지고 있
기 때문이다. 모국과의 유대에도 금이 가지 않을까 우려된다. 모국
이 조선족 사회에 보다 많은 관심을 가져야 하는 까닭이다.

민족 정체성을 유지하는 것은 구성원으로서 마땅히 해야 할 도리
이지만, 그에 대한 현실적 필요성이 강할수록 정체성을 유지하려는
노력은 강화된다. 예를 들어 한국과 중국 두 나라가 경제적으로 밀
접해지면서 민족어를 아는 조선족 청년들은 이전에 비해 취업 기회
가 넓어졌다.

북경사대 영어학과에 재학하면서 주말마다 줄곧 북경 한국어
학교에서 한국어를 배운 조선족 여학생이 있었다고 한다. 그 여학
생은 졸업을 앞두고 취업을 하려고 백방으로 노력했지만 번번이
낙방을 하였다. 그러던 중 마지막이라 여기고 응시한 면접장에서
북경 한국어학교 이수증이 우연히 가방에서 떨어졌다. 이를 본 면

접관이 그 자리에서 바로 이 여학생을 채용하였다. 왜냐하면 한국
어를 구사할 줄 아는 이 학생을 채용하면 영어만 할 줄 아는 다른
학생에 비해 회사로서는 여러 모로 이득이 있다고 판단했기 때문
이다.(황유복, 108쪽)

우리 민족의 정체성을 유지할 경우 현실적으로 경제적 이득을 보
게 된다고 여기면 조선족 스스로도 이러한 노력을 게을리 하지 않을
것이다. 오히려 더 많은 노력을 기울이게 된다. 모국이 조선족 사회
와 경제적 연계를 돈독히 구축해야 하는 이유이다.

흔히 국경을 사이에 두고 다른 국가에 거주하는 동일 민족을 '과
계민족'이라고 지칭하는데, 과계민족인 조선족을 경제적으로 지원
한다는 것은 두 가지 의미를 지닌다. 첫째는 민족 구성원에 대하여
순수한 민족적 감정에서 우러나오는 지원이고, 둘째는 중국과의 경
제적 관계에서 역할을 기대하는 실리적 차원에서의 지원이다.

1) 민족적 차원의 지원

먼저 민족적 차원에서 문제를 생각해 보자. 조선족은 중국의 55
개 소수 민족 가운데 하나이다. 대부분의 중국 소수 민족이 토착 민
족인데 반해 조선족은 러시아 민족과 함께 다른 지역에서 옮겨간 이
주 민족에 속한다. 현재의 조선족 선인들은 이주 시기가 19세기 후
반이든 20세기 전반이든 간에 먹고 살기 위해 어쩔 수 없이 두만강
을 건너야 했던 사람들이다. 또 일제의 탄압을 피하고 조국의 독립

을 위해 정든 산천을 떠나 삶의 무대를 중국으로 옮긴 이들이다. 이들은 모두 힘없는 조국을 둔 불행한 시대의 피해자들이다.

이주 초창기 조선족 선인들의 고생은 이루 말할 수 없었다. 온갖 어려움을 견뎌 내고 농지를 개척했으나 그 농지를 빼앗기기 일쑤였고, 혹은 그 농지에서 수확한 농산물을 도적 떼들에게 털리는 일이 다반사였다. 목숨까지 잃은 사람들도 적지 않았다. 가족 가운데 한 사람이라도 굶어 죽거나 얼어 죽는 불행을 당하지 않은 사람이 드물었다 하니 주권을 상실한 국가의 존재란 그 백성들에게 아무런 의미가 없었다.

이들의 후손들인 조선족도 고단한 삶을 산 그들 선인들의 비애를 전혀 느끼지 않는다고 보기 어렵다. 비록 중국 땅에 정착을 하여 중국 인민으로 인정을 받지만, 소수 민족의 고충과 심리적 공허감은 어찌할 수 없다.

중국은 법적으로나 명목상으로는 모든 민족이 평등하다고 하지만, 실제로 모든 분야에서 그렇다고는 할 수 없다. 요직도 소수 민족이 차지하기 어렵다. 일종의 감시를 받는다는 느낌이 들 때도 있다. 한족이 실질적으로 주인인 이 땅에서 소수 민족으로서 어쩔 수 없이 당해야 하는 현실로 여기고 넘어갈 수밖에 없다.

인용한 한 공무원의 말처럼 다민족 국가를 표방하고 민족 평등을 강조하는 중국이지만, 소수 민족은 불가피하게 눈에 보이지 않는 차별을 받는다. 따라서 이들에 대한 모국의 경제적 지원은 각별한 의미를 지닌다. 먹고 살 길을 찾아 외국으로 이주했으나 국가의 보호를 받지 못하여 온갖 고초를 겪었던 조선족 선인들의 희생에 대해 국가가 늦었지만 마음의 빚을 갚는다는 보상 차원으로 생각할 수 있다. 모국 한국이 조선족 사회에 대해 경제적 지원을 해야 하는 이유가 바로 이 점이다.

현재 중국 조선족 사회는 존망의 중요한 갈림길에 서 있다. 조선족 사회가 존재하려면 집단 거주 지역인 연변이 활기가 넘쳐야 한다. 연변 지역의 활기는 무엇보다 경제가 살아나야 가능하므로 연변 경제를 진흥시키는 것은 조선족 사회의 발전을 기약하는 전제가 된다. 따라서 모국이 연변 지역 경제를 지원하는 것은 당연하다.

그렇다면 어떤 방식의 경제적 지원이 합당한가?

한국 기업들이 조선족 자치주에 투자를 활발히 해야 한다. 조선족들이 경제적으로 낙후한 연변을 등지고 제각각 살 길을 찾아 떠난다면 조선족 사회의 운명은 어떻게 될 것인가? 한족이 절대 다수를 차지하는 중국에서 집결 지역을 떠난 소수 민족은 동화의 운명밖에 없다. 조선족을 공동체 사회에 최대한 묶어 두려면 연변 지역 경제를 발전시켜 민족 경제 실력을 강화하는 일이 무엇보다 중요하다. 민족 경제를 발전시키고 조선족 지역의 경제 토대를 튼튼히 해야 조선족 선인들이 개척하고 민족의 생사고락을 간직한 민족의 전통적인 집결 지역에서 민족의 얼을 지키며 살아갈 수 있다.(정신철, 235쪽)

여기에 한국 기업의 도움이 필요하다. 현재에도 연변 지역에 숫자

상으로는 적지 않은 투자를 하고 있지만 대다수가 영세 규모이기 때문에 연변 지역 경제에 미치는 파급 효과는 미미하다. 연변 지역에 대한 한국 기업의 투자 규모는 산동성에 비하면 형편없는 수준이다.

이러한 이유는 여러 가지가 있으나 투자 기업의 입장에서 볼 때 자치주가 투자 적지가 아니라고 여기기 때문이다. 무엇보다 물류비용이 많이 든다는 점이 한국 기업의 투자를 꺼리게 한다. 연변은 중국의 주요 공업 지대나 수도인 북경과 먼 거리에 위치해 생산과 판매가 쉽지 않은 지리적 결함을 안고 있다. 자치주의 정책도 투자자가 매력을 가질 만하지 못하다. 이런 복합적인 이유 때문에 한국 기업들은 조선족 자치주에 대한 투자에 소극적이다.

조선족 자치주 정부는 한국 기업들이 연변 지역보다 중국의 다른 지역을 선호하는 이유를 분석할 필요가 있다. 한국 기업을 유치하기 위해 투자 환경을 개선하여야 한다. 만약에 자치주가 기업을 경영하기 좋은 투자 환경이 조성되어 운영과 생산, 제품의 판매에 소요되는 비용이 적어도 중국의 다른 지역과 동등해질 경우 한국 기업들이 조선족 자치주를 마다할 이유가 없다. 오히려 말과 문화가 통하는 자치주로 눈을 돌릴 가능성이 훨씬 높다. 그런 방향으로 투자가 이뤄지도록 유도해야 한다.

한국 기업들이 자치주에 대거 진출할 경우를 상정해 보자. 많은 조선족들이 한국기업에 취업하거나 한국인을 대상으로 사업을 하기 위해 자치주를 떠나 청도나 상해로 옮기는 일이 적어질 것이다. 같은 이유로 자치주 밖에 있던 조선족들이 자치주 내로 역이동할 수 있다. 이는 대단히 중요한 문제이다. 그렇지 않아도 자치주 내 조선족의 인구 감소가 심각한 현실에서 인구 감소를 방지하는 방안으로 투자 환경 문제에 접근할 필요가 있다. 자치주 정부가 심각하게 고민해야 할 대목이다.

대규모로 집중적인 투자가 이루어질 경우 한국 입장에서는 어떤 실익이 있을까? 당장 눈에 드러나는 유형의 효과는 차치하고서라도 우리가 미처 예상하지 못한 부수적인 효과를 기대할 수 있다. 투자가 대규모로 이루어지면 조선족 자치주와 한국과의 경제적 연계성이 보다 공고해진다. 그럴수록 민족적 동일체감과 현실적 이익 관계로 민족적 유대가 배가될 것이다. 더욱이 한반도가 통일된 이후를 생각해 보자. 통일 한국이 우선적으로 눈길을 돌려야 할 곳이 어느 지역이겠는가? 우리나라와 인접해 있으면서 우리 민족이 생활하며 동북아 경제의 중심 지역으로 부상할 조선족 자치주를 과연 무시할 수 있겠는가? 연변 지역에 대한 투자는 통일 한국이 뻗어 나갈 수 있는 토대를 마련하는 셈이다.

그런 점에서 조선족 자치주에 대한 경제적 투자는 꼭 필요하다. 보다 많은 한국 기업들이 연변 지역에 진출할 수 있도록 소프트웨어를 갖추는 노력은 한국 기업과 자치주 정부가 공동으로 추진할 과제이다.

2) 실리적 차원의 지원

앞서 언급한 민족적 차원에서의 지원이 같은 민족으로서 응당 해야 할 도리라면 지금 논의할 실리적 차원의 지원은 보다 실질적인 성격을 띤다.

우리가 연변 조선족 사회를 경제적으로 지원하는 일은 한·중 두 나라 경제 관계에 긍정적인 영향을 미칠 것이다. 그 영향력이 크면 클수록 지원도 당연히 강화해야 한다. 결론부터 말하자면 모국인 한국이 조선족 사회를 경제적으로 지원할 때, 지원을 받은 조선족 사회는 한국 기업의 중국 진출에 교두보 역할을 하고, 이미 진출한 기업이 중국에 정착하는 데 여러 모로 기여하리라 본다. 그렇게 여기는 이유는 이렇다.

지금까지 한·중 두 나라 관계에서 조선족이 한 역할을 뒤돌아보자. 조선족은 두 나라 사이에서 훌륭한 중개자 역할을 해 왔다. 이는 아무도 부인하지 못한다. 두 나라 사람들이 말이 통하지 않으면 두 언어에 익숙해 있다는 한 가지 이유로 통역의 역할을 마다하지 않았으며 그 역할을 제대로 한 것만으로도 충분한 평가를 받는다. 나아가 그들은 문화적 갈등이 생기면 오해를 풀어 주는 문화 해석자 역할까지 하였다. 조선족은 이처럼 두 나라 사이에 문제가 발생하면 그것을 해결하는 한편 관계를 촉진시키는 윤활유 역할을 해 온 것이다. 이 때문에 양국 관계는 급속도로 발전할 수 있었다.

그런데 이러한 조선족들에게 경제력까지 갖추어졌다고 가정해 보자. 두 나라 말과 문화에 모두 익숙한 데다 자금 동원력마저 가진 조선족이야말로 두 나라 교역에 가장 적절하고 위력적인 존재가 될 것이다.–만약에 경제력을 갖춘 한국 화교가 존재한다면 사정이 달라질 수 있겠지만, 현실적으로 그런 화교는 아직 없으며 그런 화교가 부상할 가능성도 희박하다.

합자 형태로 한국 기업을 유치하기도 하고, 한국의 우수한 기술을 도입해 공장을 운영하는 이도 생길 것이다. 한국의 상품을 수입하여 판매하는 대규모 무역상도 배출될 것이다. 중국 국산품에 비해 가격은 다소 비싸지만 질적으로 낮다면 한국 수입 상품을 구매할 것이며, 같은 외국산이라면 미국이나 일본 상품보다는 한국 상품을 선호할 것이다. 결과적으로 조선족의 경제력이 향상되면 한국 기술과 상품의 대중국 수출이 급증하게 된다.

한편 중국의 원자재나 한국보다 우위에 있는 제품, 기술을 한국에 수출하는 이도 나올 것이다. 심지어 모국에 투자를 하는 이도 있을 수 있다. 그들로 인하여 두 나라 교역은 보다 확충되고, 두 나라 경제 관계는 틀림없이 강화되리라 본다.

우리는 화교가 중국의 경제 발전 과정에 수행한 역할에 새삼 눈 돌릴 필요가 있다. 모국 중국에 투자하는 규모가 얼마나 엄청난가? 중국 경제의 원천은 화교의 자금이지 않은가? 분명 오늘날 중국의 발전에는 화교가 기여한 바가 적지 않다. 경제력만 갖추어지면 조선족이라고 해서 그런 역할을 못할 이유가 없다. 모국은 이주민족에게 그런 역할을 할 수 있도록 경제적 기반을 갖추어 주자는 것이다.

그리고 한국과 경제적 이해관계를 가진 조선족에게는 모국이 그들의 사업 대상이기 때문에 항상 모국의 동향에 촉각을 곤두세우게 된다. 민족 정체성을 유지하려는 노력을 스스로 기울여 문화적 동질성이 자연히 강화될 것이다.

자치주 내의 조선족 가운데는 이미 한국과의 관계를 통해-한국의 지원을 받았느냐 하는 점과는 약간 차이가 있지만-경제적 이득을 취한 사람들이 적지 않다. 이런 조선족들을 경험한 한국 사람이라면 이들이 다른 이들에 비해 모국이나 모국 사람들에게 높은 관심과 애정을 가지고 있음을 느꼈을 것이다. 모국을 통해 경제적 기반을 확충한 만큼 모국에 대해 관심을 갖는 것은 인지상정일지 모른다. 우리는 바로 이 대목에서 조선족 사회를 경제적으로 지원해야 하는 또다른 이유를 발견한다.

결론적으로 한국이 조선족 사회를 경제적으로 지원하면 경제력을 갖춘 조선족이 많이 생겨나고 이들이 두 나라 교역을 확충하는 역할을 한다. 이를 통해 한·중 두 나라의 경제 교류가 활성화되고 유대가 강화되며 모국에 대한 관심도도 높아질 것이다.

이를 간단히 정리해 보도록 하자.

경제적 지원→ 경제력 구비→ 양국 교역 확충 역할
→ 모국에 대한 관심 제고

이러한 선순환의 출발점으로 경제적 지원을 고려하자는 것이다.

경제적 지원은 야박하게 들릴지 모르지만 윈윈 게임(win-win game)이다. 조선족 사회의 전체적인 파이를 늘려 주면 그 후에는 반사이익도 누릴 수 있다는 말이다. 누이 좋고 매부 좋은 일이 아닌가.

결 언 : 갈등의 해법

백두산 천지의 해돋이 민족의 영산 백두산. 중국 조선족에게도 백두산은 민족적 동질감을 일깨우는 영산이 되고 있다.

나라가 풍전등화에 처해 있을 때 우리 조상들 가운데 일부는 먹고 살 길을 찾아서, 일부는 나라를 구하기 위한 일념으로 만주라 불리던 중국 동북 지방으로 옮겨갔다. 짧은 기간에 그 수는 매우 늘어나 무시할 수 없는 규모가 되었다. 중화인민공화국이 건국된 이후에는 소수 민족의 하나로 인정을 받게 되었고 연변을 중심으로 민족 자치를 실시하기에 이르렀다. 그 땅은 우리 민족에게 고난의 상징이자 희망을 잉태하는 땅이기도 했다.

옛날 우리 조상들이 발을 내디뎠던 그 고난의 땅 연변 지역으로 이제 또다시 많은 한국인들이 향하고 있다. 한·중 수교 이후 지속적으로 증가하고 있는 연변 거주 한국인은 현재 5, 6천 명쯤으로 추산된다. 일시적인 거주자도 있지만 생활의 본거지를 아예 연변으로 옮긴 이들도 적지 않다. 이 지역에 투자한 업체도 많다. 연변에서는 외국인이라면 곧 한국인이라는 등식이 성립될 정도로 한국은 연변의 중요한 부분이 되었다.

연변이 한국인들에게 이처럼 매력적인 땅으로 여겨지는 이유는 무엇일까? 다름 아니라 우리 민족인 조선족들이 민족 자치를 하며 집단 거주를 하고 있기 때문이다. 그래서 다른 외국과는 달리 언어 문제에 특별히 어려움을 겪지 않아도 된다. 인건비와 물가가 저렴하다는 점도 꼽지 않을 수 없다. 지금 연변의 한국인들은 대체로 큰 불평 불만이 없는 듯하다. 외국이지만 오히려 국내보다 마음이 편하다고 한다. 한국 사회가 주는 스트레스나 긴장에서 해방되니까 행복하다는 사람이 많다. 이런 이유로 연변에서 장기 거주하거나 그럴 계획을 갖고 있는 사람들이 늘고 있다. 현지 동포들과 호흡을 함께 하며 나름대로 기반을 구축한 이들도 적지 않다. 그들은 그 땅에서 옛날 조선족 선인들이 그랬던 것처럼 새로운 희망을 가꾸고 있다.

그러면 모국인 한국에 와 있는 조선족들은 어떤 실정인가? 이 글을 쓰던 시간에도 많은 조선족들이 국적 회복을 요구하며 단식 농성을 하는 사태가 일어났다. 그들에게 한국 국적을 부여하는 것이 옳

은 일인지는 단정하기 어렵다. 연변 현지에서도 이들의 처사를 못마
땅하게 여기는 동포들을 많이 만나 보았다. 여기에 남아서 대대손손
살아갈 사람들은 생각하지 않고 자기들만 살자고 저런 행동을 한다
며 비아냥거리는 소리가 적지 않았다. 이제 더 이상 중국 정부도 조
선족을 신임하지 않을 것이라며 한숨을 내쉬는 이들도 있었다.

과연 그들 가운데 진정으로 국적을 회복하여 한국 땅에 정착하기
를 바라는 사람은 과연 몇이나 될까? 그것 때문에 농성을 한 이는
극소수에 불과했을 것이다. 진정으로 바라는 점은 모국을 자유롭게
드나들며 정당하게 돈을 벌 수 있는 길이 열렸으면 하는 것이 아닐
까? 모국에 어렵사리 입국한 김에 좀 더 오랫동안 일을 했으면 좋겠
는데, 달리 방법이 없기 때문에 그런 수단을 택한 사람들이 많았을
것이다.

그들의 모국인 우리가 이주 민족의 이런 초보적인 희망조차 들어
주지 못하는 이유가 무엇인가? 더욱이 이들은 그저 지원을 해 달라
는 것도 아니다. 우리가 가진 일자리를 빼앗으려는 사람들은 더더욱
아니다. 우리가 기피하고 있는 직종에서 우리 대신 위험을 무릅쓰고
일을 하겠다는 사람들이다. 그런데도 우리가 왜 이들의 소원을 들어
주지 못할까? 그렇게 하면서도 우리는 그들 앞에 자랑스러운 모국
인냥 우쭐댈 수 있단 말인가?

우리 주위에 있는 조선족들에게 조금만 더 관심을 기울여 보시라.
식당에서 밤늦게까지 시중을 들거나 주방 일을 하는 조선족 부녀자
들, 열악한 근로 환경 속에서 열심히 일을 하는 공장 근로자들, 그리

고 건설 현장에서 피땀흘리는 인부들…. 선인들의 땅이라고, 모국이라고 해서 이 땅에 와서 고생하는 이들이 바로 우리와 핏줄을 같이 나눈 조선족들이다. 우리는 그런 그들에게 한 번쯤 고마움을 느껴본 적이 있는가? 고국에 와서 고생한다며 격려의 말 한마디 던진 적이 있는가? 그들의 아픈 마음을 조금이라도 헤아려 본 적이 있는가?

그들의 어려움을 못 본 채 외면한 것이 아니었던가? 오히려 못 사는 나라에서 온 동포라고 업신여기거나 함부로 대하지는 않았나? 이들의 자존심에 쉽게 치유되지 않는 상처를 낸 것은 아니었는지 모른다. 그런 사이 서로 불신과 갈등의 골이 깊어졌을 것이다.

현재 한국과 조선족 사회는 이상적인 '모국과 이주 민족 사회'의 관계가 아니다. 시간이 흐를수록 두 사회는 갈등이 심화되고 있다. 갈등의 원인 제공자를 따지기 이전에 그 일차적 책임자는 한국일 수밖에 없다. 왜냐하면 모국이 이주 민족을 감싸 안는 것이 당연한데, 한국은 모국으로서 그 역할을 제대로 수행하지 못했기 때문이다. 조선족도 이런 귀책 사유에서 완전 자유로운 입장은 아니라고 본다.

갈등을 야기하는 가장 큰 원인은 역설적이지만 "우리는 같은 민족이다."는 생각이다. 우리와 한 민족인데도 너희들은 이런 점이 왜 우리와 다르냐? 한 민족인 우리에게 이런 대접밖에 못해 주느냐? 그렇게 서로 불만과 서운함을 토로하는 새에 갈등이 증폭된 것이다.

예를 들어 우리는 동남 아시아나 다른 지역 이주 노동자가 한국 문화를 이해하지 못하여 잘못을 저지르면 그냥 대수롭지 않게 넘길 수 있다. 남이니까 잘 몰라서 그랬을 것이라고 생각하기 때문이다.

조선족이 그런 실수를 하였다면 한국인의 감정은 달라진다. "같은 민족인데 그것도 모르냐?"며 투덜댄다.

또한 조선족의 경우를 보자. 그들이 일하는 땅이 한국이 아니고 일본이나 미국이라면 서운한 일을 당해도 그러려니 하고 넘어갈 것이다. 이들 나라는 남이니까 우리를 그렇게 대하는 것도 어쩔 수 없다고 여기기 때문이다. 그러나 그 땅이 한국이라면 경우가 달라진다. "남이 아닌 모국이 우리에게 이럴 수가 있느냐? 우리가 처음부터 중국 사람이 되고 싶어서 되었느냐?"라며 온갖 서운함과 불만을 토로한다. 한국인과 조선족의 관계는 조그마한 문제만 생겨도 '정이 없다', '깔보고 업신여긴다'는 식으로 서로 비난하고 있기에 간단한 경제적인 문제마저 민족감정이라는 차원에서 해결하려 한다. 한반도와 중국 조선족간의 갈등에는 이러한 민족적 감정으로 부당하게 팽창된 부분이 많다.(김강일②. 427쪽)

'하나'라는 심리는 '다름'을 인정하지 못한다. 다르기 때문에 너를 이해하겠다는 열린 마음이 없다. 오히려 내가 상대방을 이해하기에 앞서 상대방으로 하여금 나를 이해하도록 강요한다. 이처럼 '하나다' 혹은 '같다'는 의식의 출발선상에서 상대방에 대한 오해와 서운함이 깊어지면서 갈등이 증폭되는 것이다.

그 반대의 경우를 가정해 보자. "우리는 그동안 한 세기 이상 떨어져 지냈고, 하물며 국적도 다르니, 이제는 남이다."라고 생각해 보자는 말이다. 남인데도 신통하게 같은 말을 사용하며 문화적으로도 동질성이 많고 더욱이 남같지 않게 곱살스레 대접해 주니 상대방이 얼마나 귀하게 느껴질까? 서운한 구석이 있고 불만을 가질 만한 일이 있더라도 남이니까 당연히 그러려니 생각하고 넘어갈 수도 있다.

'상대방과 남이다'라는 생각은 '상대방과 하나'라는 생각과는 한 가지 현상을 놓고 보더라도 해석을 달리한다. 상대방과 나의 차이를 인정하니 상대방을 이해하는 마음이 넓어지고 관용이 생겨난다. 한국인과 조선족도 언제까지나 민족 동질성만을 강조하며 여기에 얽매여서는 안 된다. 우리는 한 민족이고 한 핏줄이라는 정서에 매달려 지낸다면 악화된 관계를 영원히 풀지 못한다. 상대방에 대하여 깊은 사려를 하기 위해서는 세월이 야기한 이질성에 눈을 돌려야 할 것이다.

중국 현지의 조선족 저자가 쓴 한국 관련 서적 가운데는 일종의 '한국 깨기'나 '한국 부수기' 유형이 많다. 모국 한국에 대한 분노가 어느 정도인지 느낄 수 있는 대목이다. 구구절절 옳은 말도 있고, 한국인들이 반성해야 할 부분도 분명히 있다. 그러나 일부 대목은 저자 자신들이 한국 사회를 근본적으로 오해한 부분도 없지 않다. 그 오해가 분노를 낳고 있다. 이처럼 오해를 불러 온 이질성을 이해하지 못하면 언제까지나 마음의 앙금을 해소하기 어렵다.

당연한 말이지만 모국과 이주 민족 사회는 건전한 관계를 형성하여야 한다. 이주 민족에게 모국은 존재의 해답일 수 있다. 모국이 이주 민족의 가슴 속에서 이상적인 모습으로 남아 있을 때 이주 민족 자신도 거주국가에서 자부심을 갖고 생활할 수 있는 것이다.

맺으면서

마무리를 하기에 앞서 뒤돌아보니 아쉬움이 많이 남는다. 당초 연변 과학기술대학에서 일 년간 연수를 시작할 때 몇 가지 목표를 정해 두었다. 그래야 연수 기회를 준 한국기협과 나의 직장 마산 문화방송에 대해서 떳떳해질 수 있을 것이라고 여겼기 때문이다. 그 하나가 연수 결과물을 정리하자는 것이다. 다행히 이 졸저를 마무리하여 한 가지 목표는 달성했다고 여기니 여간 기쁘지 않다. 다른 미진한 목표들을 보상해 줄 것이리라 자위한다.

원고를 정리하는 과정에서 연변 현지 문인 류 선생의 도움을 많이 받았다. 그는 원고를 처음부터 끝까지 읽어 보고 많은 격려를 해주었다. 이 책의 최초 독자였던 셈이다. 그는 언제나 중국 조선족 사회를 알고 싶은 내 욕망의 한 자락을 기뻐하여 주었다. 그리고 인생의 선배로서 넉넉한 웃음을 선사했다. 김 선생이나 박 선생도 마찬가지였다. 오십을 앞둔 이분들이 앞으로 조선족 사회에 든든한 정신적 기둥이 되어 주기를 바란다. 또한 지금과 마찬가지로 늘 모국과 조선족 사회간의 가교 역할을 훌륭히 해 주었으면 좋겠다.

이 책도 내가 그들에게 기대하는 역할처럼 두 사회 구성원들이 서로를 이해하는 데 조그마한 도움이라도 되었으면 더 이상 바랄 게 없다. 그러나 일 년간의 연수 성과물로 내세우려니 어쩐지 쑥스럽다. 재능보다 욕심이 한발 앞섰던 것은 아닐까? 욕심이 과했음을 금방 알아차릴 수 있을 것 같다.

이 책의 무대인 중국 동북 지방은 역사의 해석을 둘러싸고 한국과 중국 두 나라 사이에 갈등의 진원지가 되고 있다. 그처럼 예민한 지역, 그 한복판에 조선족이 존재한다. 그런데도 조선족의 중요성을 깊이 있게 부각시키지 못한 것 같다. 그리고 모국에 일시 이주하여 각종 노동에 종사하는 조선족 동포들의 불만과 요구도 제대로 담지 못했다고 여겨져 괜히 송구스런 마음이다.

이 미흡한 부분은 훗날의 과제로 돌릴 수밖에 없게 되었다. 항상 조선족과 그들의 공동체 사회를 화두로 삼겠다.

참고문헌

강영덕, 「연변조선족교육발전개황」, 『조선학연구』 제2권, 중국 연변대
　　학출판사, 1990.

강위원, 『조선족의 오늘』, 도서출판 신유, 2002.

김강일①, 「중국조선족사회의 문화자원과 문화전략」, 김강일 주필, 『중
　　국 조선족 사회의 문화우세와 발전전략』, 중국 연변인민출판사,
　　2001.

김강일②, 「남북 통일에 있어서 중국 조선족 사회의 역할」, 김강일 주필,
　　『중국 조선족 사회의 문화우세와 발전전략』, 중국 연변인민출
　　판사, 2001.

김강일③, 「중국조선족사회 지위론」, 김강일 주필, 『중국 조선족 사회의
　　문화우세와 발전전략』, 중국 연변인민출판사, 2001.

김동훈, 「김학철 선생의 인격적 매력」, 김학철문학연구회, 『조선의용군
　　최후의 분대장 김학철』, 중국 연변인민출판사, 2002.

김병호·강기주, 「중국의 소수 민족 정책과 중국 조선족 사회의 정치의
　　식 및 민족의식」, 김강일 주필, 『중국 조선족 사회의 문화우세
　　와 발전전략』, 중국 연변인민출판사, 2001.

김병호·오상순, 「중국 내에서의 조선족 사회의 위치」, 김강일 주필, 『중
　　국 조선족 사회의 문화우세와 발전전략』, 중국 연변인민출판사,
　　2001.

김의천, 「김학철 선생님을 울며」, 김학철문학연구회, 『조선의용군 최후
　　　의 분대장 김학철』, 중국 연변인민출판사, 2002.

김재국, 『한국은 없다』, 중국 흑룡강조선민족출판사, 1998.

김종국①, 「중국특색의 조선족 문화에 대하여」, 김종국 주필, 『중국특색
　　　조선족문화연구』, 중국 료녕민족출판사, 2000.

김종국②, 「세기 교체에서 보는 중국 조선족」, 박민자 주필, 『중국조선족
　　　현상태분석 및 전망연구』, 중국 연변대학출판사, 2000.

김　철, 「뭉쳐야 산다」, 《연변일보》 2004.7.2.

김철호, 「동해에서 뜬 별 두만강서 흘러」, 김학철문학연구회, 『조선의용
　　　군 최후의 분대장 김학철』, 중국 연변인민출판사, 2002.

김학철, 「자전 에세이」, 김학철문학연구회, 『조선의용군 최후의 분대장
　　　김학철』, 중국 연변인민출판사, 2002.

남영전, 「손잡고 떠나신 우리 문단 두 정상」, 김학철문학연구회, 『조선
　　　의용군 최후의 분대장 김학철』, 중국 연변인민출판사, 2002.

량옥금, 「중국 연변 조선족 자치주 민족 관계의 형성과 발전」, 주필 김
　　　강일, 『중국 조선족 사회의 문화우세와 발전전략』, 중국 연변인
　　　민출판사, 2001.

류연산①, 『발해가는 길』, 아이필드, 2004.

류연산②, 「생명과 인생」, 김학철문학연구회, 『조선의용군 최후의 분대
　　　장 김학철』, 중국 연변인민출판사, 2002.

리광옥, 「조선족 중소학교 분포망 조절 문제에 대하여」, 박민자 주필, 『중
　　　국조선족 현상태분석 및 전망연구』, 중국 연변대학출판사, 2000.

리동근, 「90년대 조선족문화정신의학개론」, 박민자 주필, 『중국조선족 현

　　　　상태분석 및 전망연구』, 중국 연변대학출판사, 2000.

리홍우①, 「중국 민족 관계의 발전 추세와 조선족 사회가 직면하고 있는
　　　　문제」, 박민자 주필, 『중국조선족 현상태분석 및 전망연구』, 중
　　　　국 연변대학출판사, 2000.

리홍우②, 『조선족의 전망』, 중국 흑룡강조선민족출판사, 1996.

박정근·윤광수, 『세월 속의 중국조선민족』, 중국 연변인민출판사, 2003.

박금해, 「21세기 중국 조선족 교육 발전 진로에 대한 사고」, 김강일 주
　　　　필, 『중국 조선족 사회의 문화우세와 발전전략』, 중국 연변인민
　　　　출판사, 2001.

박승헌, 「두만강지역개발과 중국조선족사회」, 김강일 주필, 『중국 조선
　　　　족 사회의 문화우세와 발전전략』, 중국 연변인민출판사, 2001.

박청산·김철수, 『이야기 중국조선족역사』, 중국 연변인민출판사, 2000.

박태수·김영림, 「중국 조선족의 교육과 문화-교육가치관념을 중심으로」,
　　　　『조선학 연구』 제4권, 중국 연변대학출판사, 1992.

안화춘, 「21세기에 대비한 중국조선족인구문제」, 박민자 주필, 『중국조
　　　　선족 현상태분석 및 전망연구』, 중국 연변대학출판사, 2000.

연변조선족자치주 개황 집필소조, 『연변조선족자치주 개황 – 중국의 우
　　　　리민족』, 한울, 1988.

이광규, 『세계 속의 한민족 선택받은 한민족』, 우리문학사, 1992.

이기백, 『한국사신론』, 일조각, 2002.

이해승, 『중국 조선족 자치주 개황-잊어버린 해란강』, 신명출판사, 1988

임계순, 『우리에게 다가온 조선족은 누구인가』, 현암사, 2003.

전광하 편저, 『세월 속의 용정』, 중국 연변인민출판사, 2000.

전국권,「김학철의 문학사상과 그 작품의 역사문헌적 의미」, 김학철문
        학연구회,『조선의용군 최후의 분대장 김학철』, 중국 연변인민
        출판사, 2002.

정신철,『중국 조선족 그들의 미래는』, 신인간사, 2000.

정판룡①,『세계 속의 우리 민족』, 중국 료녕민족출판사, 1996.

정판룡②,『고향 떠나 50년』, 중국 민족출판사, 2000.

정판룡③,「림민호」, 김택 주필,『길림조선족』, 중국 연변인민출판사, 1995.

정판룡④,「세기 교체와 중국 조선족 가치관의 변화 및 민족 전일체성 문
        제」, 박민자 주필,『중국조선족 현상태분석 및 전망연구』, 중국
        연변대학출판사, 2000.

조룡호·박문일 주필,『21세기로 매진하는 중국 조선족 발전 방략 연구』,
        중국 료녕민족출판사, 1997.

주덕해의 일생 집필조,『주덕해의 일생』, 중국 연변인민출판사, 1988.

중국조선민족발자취총서 2,『불씨』, 중국 민족출판사, 1995.

중국조선민족발자취총서 6,『창업』, 중국 민족출판사, 1994.

천수산,「부동한 역사 시기 조선족에 대해 실시한 민족 정책」, 천수산
        주필,『새세기 새탐구』, 중국 연변인민출판사, 2001.

최봉룡,「9·18사변 전의 중국 조선족 교육에 대하여」, 천수산 주필,『새
        세기 새탐구』, 중국 연변인민출판사, 2001.

최삼룡,「세기 교체 시기 중국 조선족의 정신 위기」, 박민자 주필,『중국조
        선족 현상태분석 및 전망연구』, 중국 연변대학출판사, 2000.

연변인민출판사 편집부,『조선족간사』, 중국 연변인민출판사, 1986.

한준광 주필,『중국조선족역사연구론총2』, 중국 흑룡강조선민족출판사,

1992.

허명철①, 「중국조선족정체성유지에 대한 사고-민족집거지와 민족교육
을 중심으로」, 김강일 주필, 『중국 조선족 사회의 문화우세와
발전전략』, 중국 연변인민출판사, 2001.

허명철②, 「중국 조선족의 문화가치의식에 대한 고찰」, 김종국 주필, 『중
국특색조선족문화연구』, 중국 료녕민족출판사, 2000.

허명철③, 「네트워크 시대의 중국조선족문화」, 김강일 주필, 『중국 조선
족 사회의 문화우세와 발전전략』, 중국 연변인민출판사, 2001.

허명철④, 「중국조선족사회와 한국사회간의 문화교류 현황 및 그 대안」,
김강일 주필, 『중국 조선족 사회의 문화우세와 발전전략』, 중국
연변인민출판사, 2001.

황유복, 『중국 조선족 사회와 문화의 재조명』, 중국 료녕민족출판사,
2002.

이 재 달 李在達

경남 의령 출생.
부산대학교 행정학과 졸. 고려대학교 대학원 행정학과 졸(석사학위논문: 한국 이익집단의
이익 표명 활동에 관한 연구). 중국 연변과학기술대학 연구원.
현재 마산 문화방송 보도국 기자.

모들교양신서 303

조선족 사회와의 만남

등 록 1994.7.1 제1-1071
인 쇄 2004년 11월 20일
발 행 2004년 11월 26일

지은이 이 재 달
펴낸이 박 길 수
펴낸곳 도서출판 모시는사람들
　　　　110-260/서울시 종로구 가회동 175-2번지.
　　　　대표전화 743-6487 / 팩스 763-7170

표지디자인 이 주 향
편 집 김 혜 경
출 력 삼영출력(2277-1694)
인 쇄 수연인쇄(2277-3524)
제 본 통인제책(2268-2377)
홈페이지 http://www.donghaknews.com

값은 표지 뒷면에 있습니다.
ISBN 89-90699-24-X
(세트)ISBN 89-950792-9-0

* 잘못된 책은 바꾸어 드립니다.